제1차 북핵 위기 협상

(1993~1994)

한국외교협상사례 총서 9

제1차 북핵 위기 협상(1993~1994)

초판 1쇄 발행 2022년 12월 15일

지 은 이 김태현
발 행 인 한정희
발 행 처 경인문화사
출판번호 406-1973-000003호
주소 (10881) 경기도 파주시 회동길 445-1 경인빌딩 B동 4층
전화 031-955-9300   **팩스** 031-955-9310
홈페이지 http://www.kyunginp.co.kr
이메일 kyungin@kyunginp.co.kr

ISBN 978-89-499-4990-1 94340
     978-89-499-4940-6 (세트)

― 이 책은 집필자의 견해를 바탕으로 작성된 것으로서
  외교부의 공식입장과는 무관한 것입니다.

국립외교원 외교안보연구소
외 교 사 연 구 센 터

제1차 북핵 위기 협상
(1993~1994)

김 태 현

경인문화사

간행사

　뛰어난 인재를 구하기 어려움은 옛날과 오늘이 다르지 않았으니, 선인들은 이를 '재난(才難)'이라는 말로 표현했습니다. 특히 대한민국 외교를 짊어질 외교관 후보자와 초임 외교관들에 대한 교육의 중요성과 어려움은 새삼 강조할 필요도 없을 것입니다. 이에 국립외교원 외교안보연구소 외교사연구센터는 외교관후보자 교육과 초임 외교관들의 실무에 도움을 주고자 2018년부터「한국외교협상사례」총서를 발간하고 있습니다. 본 총서는 1948년 대한민국 정부 수립 이후 오늘에 이르기까지 외교부가 수행한 주요 외교협상 사례의 배경, 주요 쟁점, 전략, 과정, 성과 및 후속조치 등을 체계적으로 서술함으로써 그 공과(功過)를 기록하고 정책적 함의를 도출하는 데 그 목적이 있습니다.

　이를 위해 국립외교원은 국내 정치외교학계 및 국사학계의 최고 전문가들로 구성된 기획편집위원회의 자문을 받아 주요 외교협상사례 100건을 선정한 후, 이를 바탕으로 매년 5책 내외의「한국외교협상사례」총서를 간행하고 있습니다. 본 편찬사업의 실무를 담당한 김종학 외교사연구센터 책임교수와 집필자 추천으로부터 최종 결과물의 심사에 이르기까지 전 과정에 참여해주신 신욱희, 홍석률 공동위원장을 비롯한 기획편집위원들의 헌신적인 도움과 노력에 심심한 사의를 표합니다. 본 총서가 장래 한국 외교의 동량(棟梁)이 될 우리 외교관 후보자들에게 귀감이 되는 교재이자 현직 외교관들의 유용한 업무 지침서로 널리 활용될 수 있도록 많은 관심과 격려를 부탁드립니다.

2022년 1월

국립외교원장 홍현익

서문

    북핵문제는 지난 30여 년간 8차례의 위기를 반복하며 한국 외교와 안보 문제를 압도해왔다. 그동안의 위기와 노력에도 불구하고 북한의 핵무장은 이제 현실이 되었고, 외교적 노력의 목표도 북한 핵무장의 저지가 아니라 북한이 보유한 핵무기의 폐기로 더욱 크고 어려워졌다.

    여러 차례의 위기 중 이 책이 다루고 있는 1993~4년간의 제1차 위기는 주목할만하다. 첫째, 위기의 강도가 가장 높았다. 국민이나 정책결정자들이 체감한 전쟁의 가능성이 가장 컸다는 뜻이다. 둘째, 위기를 해소한 결과가 가장 성공적이었다. 제네바 북미협상이 타결된 1994년 10월부터 제2차 북핵위기가 발발한 2002년 10월까지 8년간 북핵문제를 둘러싼 위기는 없었다. 이후 북핵문제는 짧게는 1년, 길게는 4년을 주기로 반복됐다.

    그 같은 상대적 '성공'은 몇 가지 면에서 설명할 수 있다. 첫째는 위기의 강도 때문이다. 위험이 큰 만큼 해결의 의지도 강했다. 그해 11월 중간선거를 앞두고 미국 클린턴 행정부는 어떻게든 위기를 해결하려고 했고, 충분한 양의 당근을 제공했다. 북한도 호응했고 한반도 에너지 개발기구(KEDO)는 우여곡절에도 불구하고 굴러갔다.

    둘째, 제도적 장치의 효율적 작동이다. 제네바 합의의 내용은 그전과 이후로 미국이 북한과 체결한 협정 중 가장 세세하다. 또 다자기구로서 KEDO를 설립하여, 한 나라의 정책에 휘둘릴 여지를 줄이고, 제도 자체의 전진 관성이 작동할 여지를 만들었다. 클린턴 행정부의 모든 것을 부정했던 부시 행정부도 적어도 2년간은 그것을 이행했다.

셋째, 문제가 초기 단계에 있었다. 핵무장 프로그램이 초보적 단계에 있었으므로 관리하기가 쉬웠을뿐더러, 북한 내부의 기술적, 조직적, 정치적 추진동력도 약했다. 그러나 2002년 제네바 합의가 실패하고 북핵 판도라 상자가 다시 열린 후 북한 내부에는 핵무장 가속화 및 완성을 향한 기술적, 조직적, 정치적 추진동력이 생겨났다. 반면 그것을 중단하거나 역전할만한 정치적 압력은 내외부에서 마련되지 않았다. 이에 따라 북한이 핵탄두 및 운반수단의 개발 일정표에 따라 움직인 결과 위기가 빈발한 것이다.

2017년 7월 이후 제8차 위기는 제1차 위기와 닮은 점이 있다. 첫째, 1차 위기처럼 위험의 강도가 높았고 관여가 파격적이었다. 미국과 북한의 최고지도자가 험한 언사를 주고받았다. 반면 3차례의 남북정상회담과 2차례의 미북정상회담도 있었다. 둘째, 2019년 2월 하노이 미북정상회담이 실패로 돌아갔어도 이후 2년이 넘도록 고강도 도발이 없었다. 셋째, 고강도 도발이 없었던 것은, 역설적이나, 핵무장이 완성단계에 들어갔기 때문이다. 그런데, 완성한 핵무기로 무엇을 할 것인가?

핵무기는 군사적으로 쓸 수 없고 정치적으로 쓸모가 없다. 북한은 핵무장을 협상용으로 사용해왔으나, 그것이 완성되면 협상용으로서도 용도 폐기된다. 북핵문제의 엔드게임(End Game)이 이제 멀지 않았다. 북한이 핵무기의 군사적 불용성과 정치적 무용성을 깨닫고 핵 폐기의 결단을 내릴 수 있도록, 도발에 대한 단호한 대응과 파격적인 관여로 한반도의 평화와 통일을 준비해야 한다.

2021년 10월

김 태 현

차 례

범례

1. 본 총서는 한국외교협상사례 기획편집위원회가 선정한 『한국 100대 외교협상사례』에 기초하여 협상의 배경과 중요 쟁점, 전개과정과 협상전략, 후속조치와 평가 등을 서술한 것이다.

2. 본 총서의 집필자 추천 및 원고 심사는 한국외교협상사례 기획편집위원회가 담당하였다. 본 위원회의 구성은 다음과 같다.
   공동위원장   신욱희(서울대학교), 홍석률(성신여자대학교)
   위   원   신종대(북한대학원대학교)
   위   원   우승지(경희대학교)
   위   원   정병준(이화여자대학교)
   위   원   조양현(국립외교원)

3. 본 총서는 각 협상사례를 상대국 및 주제에 따라 총 7개의 클러스터로 분류하였다. 각 클러스터는 책등 및 앞표지 상단의 사각형 색으로 구분하였다.
   1) 한반도(황색)
   2) 미국(주황색)
   3) 일본(자주색)
   4) 중국, 러시아(보라색)
   5) 유럽, 제3세계(남색)
   6) 국제기구, 환경(녹색)
   7) 경제통상(연두색)

4. 부록에는 협상의 관련 자료 및 해제와 연표 등을 수록하였다.

　　1) 관련 자료에는 한국, 협상상대국, 제3국의 외교문서 원문 및 발췌문, 발표문, 언론보도 등을 수록하였다.

　　2) 자료의 제목, 공식 문서명, 발신일, 수록 문서철, 문서등록번호, 기타 출처 등은 부록 서두에 목록화하였다.

　　3) 자료 해제에는 각 자료의 배경, 요점, 함의 등을 간략히 기술하였다.

　　4) 연표에는 주요 사건의 시기와 내용, 관련 자료 등을 표기하였다.

　　　(예)

시기	내용
1950. 10. 7.	유엔총회 UNCURK 창설 결의
[자료 1] "Resolution 376 (V) Adopted by the General Assembly"	

　　5) 자료의 제목은 공식 문서명을 기재하는 것을 원칙으로 하되(예: "Telegram from the Embassy in Korea to the Department of State") 편의상 자료의 통칭 등을 기재하기도 하였다(예: "닉슨 독트린").

　　6) 자료는 원칙적으로 발신일을 기준으로 나열하되, 경우에 따라 협상 단계 및 자료간 연관성 등을 고려하여 배치하였다.

이 연구는 1993년 3월 12일 북한이 핵무기비확산조약(NPT) 탈퇴 선언으로 촉발되어 이듬해 10월 21일 미국과 북한 사이에 「제네바 합의」가 체결되어 일단락된 제1차 북핵 위기를 기술하고 분석한다. 이 위기는 북한의 핵무기 개발 의혹 – 후일에는 사실로 드러난 – 소위 북핵 '문제'와 그를 둘러싼 국제정치적 및 군사적 '위기'로 구성됐다. 10월 제네바 합의로 '위기'는 해소했지만 '문제'는 봉합에 그쳐 2002~2003년의 제2차 위기, 2016~2017년의 제3차 위기로 이어졌다.

위기의 배경에는 냉전 종식, 노태우 정부의 북방정책, 남북한 유엔 동시 가입(1991년 9월), 남북기본합의서 채택(1991년 12월) 등으로 세계 및 한반도 정세가 급변하던 가운데 북한이 핵무장 프로그램을 추진한다는 의혹이 있었다. 그 의혹을 해소하는 한편 프로그램에 제동을 걸기 위해 한국은 남북 사이에 한반도 비핵화 공동선언(1991년 12월 31일)을 채택하고, 미국과 협력하여 북한이 국제원자력기구(IAEA)와 핵 안전조치 협정을 체결(1992년 1월)하도록 유도했다. 그러나 이 두 가지에 따른 남북핵통제공동위원회와 IAEA의 사찰이 북한의 핵 투명성을 보증하는 데 실패하여 갈등이 시작됐다. 즉, 북한이 과거 핵 활동과 현재 핵

시설에 대해 제출한 보고서 내용과 사찰 결과 사이에 불일치가 드러난 가운데 북한이 이미 핵탄두 1~2개를 만들 수 있는 무기급 핵물질을 추출했을지 모른다는 의혹이 무성했던 것이었다. 그에 따라 남북핵통제공동위원회에서 갈등이 커지고, IAEA는 미신고 시설에 대한 강제 사찰을 의미하는 특별사찰을 요구하고 북한이 거부하면서 북한 핵 문제는 국제안보적 현안으로 빠르게 부상했다.

위기는 미국에서 민주당 빌 클린턴 행정부(1993년 1월)와 한국에서 김영삼 문민정부(1993년 2월)가 출범한 직후 1993년 3월 12일, 북한이 1985년 가입하여 북한에 대한 핵사찰의 법적 근거를 부여하던 핵무기비확산조약(NPT)을 탈퇴하겠다고 선언함으로써 촉발됐다. NPT에 가입했다가 탈퇴하는 것은(소련의 붕괴로 유일한 초강대국이 된) 미국이 관리 책임을 맡은 국제안보 질서의 핵심 요소에 정면으로 도전하는 것이었기 때문이었다.

김영삼 정부는 문민정부다운 대북 포용정책의 기조와 미국이 북한의 도발에 군사적으로 대응할지도 모른다는 우려에서 미국과 북한이 직접 대화하여 문제를 풀도록 유도했다. 그에 따라 1993년 6월, 탈퇴 선언의 효과 발동 시한 열흘을 앞두고 뉴욕에서 미국과 북한 사이 고위급회담이 열렸다. 미국의 수석대표는 미국 국무부 로버트 갈루치 정치·군사담당 차관보, 북한 측 수석대표는 북한 외무성 강석주 제1부상이었다. 이 회담을 계기로 북핵 문제 해결을 위한 주체는 미국과 북한이 됐다.

물론 처음부터 그랬던 것은 아니었다. 1993년 6월 북한 NPT 탈퇴 선언의 효력을 중단한 제1단계 회담 이후 7월 제네바에서 열린 제2단계 회담에서 미국은 IAEA-북한, 한국-북한의 2개 양자 대화의 진전을 제3단계 북미회담의 전제로 설정했다. 그러나 북한의 비협조로 2개의 대화에서 진전이 없던 가운데, 미국은 북한의 협조를 유도할 유인책으로 미북 사이의 포괄적 관계 개선을 포함하는 안을 마련했다가 한미정상회담에서 이견이 표출되는 이변이 발생하기도 했다.

협상에 진척이 없고 갈등이 커지자 주고받는 위협의 수위도 높아졌다. IAEA가 사안을 유엔 안전보장이사회에 회부하여 제재 결의를 채택할 수도 있다는 것이 국제사회의 묵시적인 위협이었다. 그에 대해 제재는 곧 전쟁 선언이며 군사적으로 대응하겠다는 것이 북한의 명시적인 위협이었다. 이에 따라 위기는 빠르게 군사적 성격을 띠게 되고 1994년 3월 어렵사리 열린 남북대화에서 북한 대표가 서울이 "불바다"가 된다고 하여 크게 고조되었다.

1994년 5월 북한이 새로운 외교적 강수를 뒀다. 가동 중인 원자로의 연료봉을 교체하겠다고 선언한 것이다. 그렇게 되면 과거의 핵 활동을 밝힐 수 있는 기술적 근거가 약해질 뿐만 아니라 추가로 플루토늄을 추출하고 생산할 수 있는 여지가 생기게 된다. 즉 북한 핵 문제는 '과거의 핵'에서 '미래의 핵'으로 비화했다. 이로써 위기가 급격히 심화했다. 과거의 핵은 고정돼 있으나 미래의 핵은 갈수록 많아질 수 있으므로 국제사회에 커다란 긴급성을 준 것이다. 미국은 안보리 제재를 본격적 추진하는 한편, 제재가 전쟁 선언이라고 한 북한의 도발을 억지하고 필요하다면 제압하기 위해 군사력 증강에 나섰다. 유엔 안보리가 제재를 결의하면 어느 한쪽의 선제 타격이나 고조된 긴장의 와중에서 우발적인 행동의 상승작용으로 군사적 충돌이 일어날 여지가 갈수록 커졌다. 한반도의 누적된 전력을 고려하면 그 충돌은 엄청난 인적, 물적 피해를 초래할 것으로 추정됐다.

그럴 때 지미 카터 전임 미국 대통령(1977~1981)이 6월 16일 평양을 방문하여 김일성 주석과 면담하여 포괄적인 거래를 내용으로 하는 중재를 성공시켰다. 북한은 현재 가동 중이거나 건설 중인 핵시설을 동결하고 궁극적으로 폐기하고 NPT 및 IAEA의 안전조치 체제에 들어가며, 미국은 북한에 정치적 관계 개선, 경제 제재의 완화, 경수로 2기와 중간단계의 에너지 지원을 하기로 했다. 동시에 남북정상회담을 중재하여 남한 사회에도 한반도 정세에 획기적인 변화가 올 수 있다는 기대를 주었다. 그러나 미국과 북한이 제네바에서 제3단계 고위급회담을 열고 남북이 총리급에서 준비 회담을 열어 정상회담을 확정한 이후 김일성 주석이 갑자기 사망했다.

남한에서는 장례식 기간 중 조문 여부와 김일성의 정체를 둘러싼 논란이 벌어져 남북관계가 돌이킬 수 없이 악화했다. 반면 미국과 북한은 제네바에서 제3단계 고위급회담을 이어 나가 10월 21일 서명한 제네바 합의의 내용을 다듬어 나갔다. 북한은 각종 시설의 폐기 또는 동결 여부, 시기 등을 세분하여 하나씩 협상장에 올리는 소위 '살라미 전술' 또는 양적 접근법을 사용했다. 미국은 일괄 타결을 제시하고 받거나 말거나의 양자택일을 요구하는 질적 접근법을 사용했다. 질적 접근법의 핵심은 북한이 거부할 경우 다시 6월의 위기 국면으로 돌아간다는 암묵적인 협박인데, 카터의 방북과 김일성의 급서 등으로 6월 미국이 끌어올렸던 기세가 사그라졌으므로 별 협상력을 발휘하지 못했다. 대신 경수로 비용의 큰 부분을 부담하기로 하여 협상력이 생긴 한국 측의 요구사항, 즉 한국형 경수로 채택, 특별사찰의 조기 시행, 남북대화 조건 포함 등을 관철하려다가 협상력이 약해져 사용 후 연료봉의 즉시 해외 반출을 관철하지 못했다. 2002년 가을 제2차 북핵 위기가 발생한 이후 북한이 사용 후 연료봉을 재처리하여 2006년 제1차 핵실험을 단행한 것을 보면 그것은 결정적인 실수었다.

미국은 북한이 그토록 미국과의 관계 개선을 원했으므로 곧 국교가 정상화되고 북한이 국제사회의 정상적 일원이 될 것으로 기대했다. 반면 한국은 김일성의 사망 후 극심한 식량난과 경제난에 처한 북한의 김정일 정권이 곧 붕괴할 것으로 기대했다. 북한은 붕괴하지도 않았고 정상국가가 되지도 않았다. 1998년 집권한 김대중 정부의 적극적인 포용정책, 즉 '햇볕정책'의 결과 2000년 역사적인 남북정상회담에 이어 클린턴 미국 대통령의 방북까지 합의했으나 너무 늦었다. 그해 말 대선에서 공화당의 조지 부시 후보가 당선하고 클린턴의 외교정책을 뒤집으면서 제네바 합의는 비틀거리다가 2002년 가을 붕괴하고 말았다.

제1차 북핵 위기 협상
(1993~1994)

Ⅰ. 서론

1. 연구의 의의

이 연구는 1993년 3월 12일 북한이 핵무기비확산조약(NPT) 탈퇴를 선언함으로써 촉발되고 이듬해 10월 21일 미국과 북한 사이에 「제네바 합의」가 체결되어 일단락된 제1차 북핵 위기와 그것을 해결하기 위한 북미회담 과정을 기술하고 분석한다. 이 위기는 북한의 핵무기 개발 의혹 ─ 후일에는 사실로 드러난 ─ 소위 북핵 '문제'와 그를 둘러싼 국제정치적 및 군사적 '위기'로 구성됐다. 10월 제네바 합의로 '위기'는 해소했지만 '문제'는 봉합에 그쳐 2002~2003년의 제2차 위기, 2016~2017년의 제3차 위기로 이어졌다. 이 연구는 반쪽의 해결을 비난하는 것과 같은 평가에 목적이 있지 않다. 당시 협상의 구조와 전개를 재구성하여 지난 상황에 대한 이해를 돕고 향후 협상에 대한 교훈을 얻고자 하는 것이 목적이다.

북핵 문제는 지난 30년간 한국 외교의 최대 현안이었다. 외교력의 큰 부분을 차지하고 낭비하도록 하여 중견국 대한민국의 도약에 걸림돌이 됐다. 김대중 정부 이후 여러 정부의 대북 포용정책과 그에 따른 몇 차례의 정상회담 등에도 불구하고 남북관계의 결정적 개선과 전환을 가로막는 장애물이었다. 동아시아가 경제적 역동성과 통합에도 불구하고 유럽이나, 심지어 동남아처럼 통합의 경로를 밟지 못한 원인을 제공한 지역의 골칫거리였다. 그리고 1994년, 2003년, 2017년 등 고도의 군사적 긴장을 초래한 세계적 안보 현안이었다. 앞으로도 한반도 및 동북아 안보에 가장 크고 중대한 현안으로 남아 있으며 간헐적인 위기를 초래할 것으로 전망된다.

그 같은 중대성과 현재성으로 인해 북핵 문제의 위기와 협상 과정은 하나의 역사적 사례로서 돌아보고 간접적 교훈을 얻는 정도에 그칠 일이 아니다. 현재도 살아서 움직이는 현안을 위한 직접적인 지식과 교훈을 반추해야 할 사건이다.

2. 연구의 특징

이 협상사례와 그에 관한 연구는 특이하다. 이 협상은 한국이 직접적인 협상당사자로 참가한 것이 아니었다. 미국과 북한이 표면에서 다투는 가운데 한국이 이면에서 주로 미국을 상대로, 때로는 북한을 상대로 협상을 벌인 양면게임(two-level game)이었다. 이 협상은 제한된 안건에 대한 법적, 외교적 협상이 아니라 북한의 핵 개발이라는 미증유의 사건에 대한 정치적인 협상이었다. 그것이 남북관계 나아가 한반도의 평화에 결정적 중요성이 있었으므로 모든 국민이 첨예한 관심을 가진 정무적 현안이기도 했다. 표면게임이 미국과 북한 사이에서 전개된 까닭에 외무부/외교부가 큰 역할을 맡았으니 그것은 종래 외무부의 임무와 역량을 넘는 사안이었다. 그래서 그것은 탈냉전 시대 전방위 총력 외교의 시발을 알리는 사건이었다.

같은 위기에 관한 연구는 이미 많이 있다. 특히 이 사건은 미국의 외교사에 중요한 한 사건이었으므로 주로 미국 학자들이 미국의 관점에서 쓴 연구가 많다. 또 부분적으로 한국의 시각에서 분석한 글은 있으나 한국의 '이야기'로 풀어 쓴 글은 아직 없다. 바로 이 글이 그런 시도를 한다. 따라서 이하 이 연구의 기술구조는 통상적인 사례연구에서 사용하는 분석적 기술이 아니라 설화(說話)식 기술이다. 어쩌면 외교 사례 분석으로서 파격적이기도 한 그런 기술방법을 택한 것은 사실 기존의 연구들이 그런 방법을 택한 데 영향을 받았다. 기존의 연구가 그런 방법을 택한 이유도 공감한다. 우선 사건의 역동적이고 동태적인 전개를 정태적 방법으로는 제대로 기술할 수 없다. 또 굳이 정태적, 분석적 기술을 했다가는 자칫 가독성을 떨어뜨려 독자의 공감을 얻는 데도 방해가 될 수 있다.

전체적으로 이 연구는 세 가지 제약이 있었다. 첫째, 그 사건에 대한 가장 기본적인 자료라고 할 수 있는 외교 사료(史料)가 아직 공개되지 않았다는 점이다. 둘째, 외교 사료가 공개되지 않은 가운데 의존할 제1차 자료는 당시 정책결정자와 협상담당자들의 기억과 기술인데, 늘 그렇듯이 그조차 마땅하지 않았다. 김영삼 대통령 회고록, 한승주 장관 회고록, 정종욱 외교안보수석의 회고록은 내용에서 정밀하지 않고 해석에서 주관적인 점이 있어 전적으로 의존하기 어려웠다. 국립외교원에서 전직 외교관들과 대담한 기록도 그 점에서 크게 나은 점이 없었다. 셋째. 정책결정자나 담당자들과 직접 심층 인터뷰를 하여 재구성하는 것인데 그러기에는 연구 기간이 짧았다. 인터뷰를 통해 회고록 이상의 내용을 얻어내려면 마치 수사하는 검사가 문초하듯이 하나씩 물어가며 상황을 재구성해야 하는데, 그러려면 철저한 사전 조사가 있어야 한다. 그런데 주어진 연구 기간에 사전 조사를 하기조차 쉽지 않았다. 사례가 워낙 파란만장한 이야기였기 때문이다.

3. 연구 질문

그나마 미국 측에서 협상담당자였던 로버트 갈루치 등이 상세한 이야기를 써주어 기본자료로 삼을 수 있었다. 이 연구를 통해 묻고 답하고자 하는 핵심 질문은 다음의 네 가지이다.

1) 위기의 전개 과정에서 한국의 입장과 태도는 어떻게 진화하고 전개됐는가?

외교는 상대가 있는 게임과 같아 그 결과를 일방의 정책 결정으로 설명할 수 있는 것이 아니다. 또 외교게임은 대체로 그 규칙이 정밀하지 않거니와, 특히 첨예한 안보 문제를 둘러싼 게임의 경우 규칙은 없는 것과 진배없다. 따라서 그것이 전개되는 방식과 내용은 변화와 진화를 거듭하기 마련이고 게이머들은 상황에 따라 입장과 전략을 숙고하고 재고해야 한다. 마찬가지로 한국 정부는 상황 전개에 따라, 특히 미국과 북한의 협상이 진행됨에 따라 그 입장을 정하고 태도를 보여야 했다. 그것의 진화를 추적하는 것이 한 목적이다.

2) 그와 같은 입장의 진화를 어떻게 설명할 것인가?

한국의 관점에서 볼 때 북한의 정체성은 복합적이고 그로부터 북한과 관련

된 각종 문제의 성격도 복합적이다. 북한 핵 문제도 마찬가지다. 때로는 남북 관계의 진전에 성가신 걸림돌이었다. 때로는 남북 간 군사력 균형에 대한 위협이었다. 때로는 절체절명의 안보 위협이었다. 때로는 한미동맹을 강화하는 계기가 되기도 하고, 때로는 이간하는 요소가 되기도 했다. 이 같은 복합적인 요소를 다루기 위해 구축된 정부조직, 즉 국방부, 안기부, 통일원, 외무부 등은 각 조직의 고유한 업무를 수행하는 과정에서 나름대로 문제의 성격과 대안을 모색했다. 또 북한 문제의 정치적 민감성 때문에 정무적 요소를 고려하지 않을 수 없는 청와대가 큰 역할을 하는 가운데 복합적인 관료정치가 펼쳐졌다. 이 연구에서 한국 입장의 진화를 이상의 관점에서 설명하고자 한다.

3) 그 입장을 협상 과정과 결과에 반영하고자 한 한국의 전략 또는 정책은 무엇이었던가?

1991년 말 남북기본합의서와 비핵화 공동선언 합의 이후 이행 단계에서 삐걱거리며 내리막길을 걷기 시작하던 남북관계는 북핵 문제 해결에 도움이 되지 않았다. 오히려 북핵 문제로 인해 남북관계가 크게 악화했다. 그리고 북핵 문제가 미북 간의 문제로 비화하면서 애초에 주무부서라고 보기 어려운 외무부의 역할이 중요해졌다. 크게 보아 1993~1994년의 북핵 문제는 미국과 북한이 표면(表面)의 협상담당자인 가운데 한국이 미국과 또는 북한과 이면(裏面)에서 협상하는 전형적인 양면(兩面)게임(two-level game)으로 전개됐다. 이면 게임에서 한국의 외무부는 한편으로는 미국을 상대하고 다른 한편으로는 국내 다양한 목소리 사이에서 또 하나의 양면게임을 전개해야 했다.

4) 한국의 입장과 역할은 최종 합의문의 내용에 어떠한 영향을 미쳤던가?

제1차 북핵 위기가 1994년 10월 21일의 제네바 합의와 같은 내용으로 해소 또는 봉합될 것이라고 생각한 이는 없었다. 다만, 처음부터 구상했는지는 확실치 않지만, 이 위기를 시종일관 주도한 것은 북한이었다. 위기를 초래하여 미북 회담을 끌어내고 해법으로서 경수로 제공과 관계 개선의 아이디어를 제시했다. 그러므로 이 게임의 승자는 일단 북한이었다. 북한이 제네바 합의를 크게 축하한 것이 바로 그 때문이었다. 그런데 따지고 보면, 북한이 '핵무기' 프로그램의 존재를 부정하고 에너지를 위한 '원자력' 프로그램이라고 강변한 이상, 그것을 폐기하고 그에 대한 보상으로서 경수로를 제공하고 그 중간단계의 에너지를 위해 중유를 제공하는 것은 논리적으로 말이 되는 거래였다. 나아가, 그것을 계기로 미국과 북한이 관계를 개선하는 것은, 그것을 통해 북한이 국제사회의 정상적인 일원으로 거듭나는 것은 냉전 이후 부시 행정부 이래 미국의, 또 노태우 정부 이래 한국의 대북정책과 합치하는 것이었다. 따라서 이 합의가 잘 이행되면 관련 모든 국가가 승자가 될 수도 있었다. 그러나 25년이 지난 지금에 보면 누구도 승자가 되지 못했다. 그에 대한 책임은 여러 나라에 물을 수 있지만 가장 큰 책임은 북한에 있다. 그래서 궁극적인 패자가 되었다.

Ⅱ. 북핵 위기의 발단과 배경

1. 주연

1993년 2월 25일. 여의도 국회의사당 광장에 마련된 대한민국 제14대 대통령 취임식장. 김영삼 당선자가 상기된 얼굴로 단상에 올랐다. 1954년 26세의 젊은 나이로 정치에 투신한 지 근 40년 만에 마침내 대통령으로 취임하는 순간이었다. 야당 당수의 권한이 정지되고 정치 활동 제한을 받기도 했지만 "닭 모가지를 비틀어도 새벽은 온다"라는 신념으로 생명이 위험해질 정도의 단식투쟁도 마지않았다. 1987년 단일화 실패, 1991년 3당 통합 등으로 '대통령병 환자'라는 비난을 감수하면서도 마침내 쟁취한 대통령직이었다. '독재' 아니면 '무능'으로 점철됐던 과거 대통령의 전철을 피해 위대한 대통령이 될 각오와 자신이 있었다.[1]

헌법에 따른 취임선서를 한 김영삼 대통령은 취임사를 읽어나갔다. 과거의 적폐 곧 "한국병"을 치료하여 새로운 조국, 즉 "신한국"을 창조하자고 역설했다. 그러나 민족 분단을 안고서 새로운 한국의 창조는 완성되지 않을 것이었

---

1 김영삼 『김영삼 대통령 회고록: 민주주의를 위한 나의 투쟁』(상) (서울: 조선일보사, 2001), 23-24쪽.

다. 그래서 취임사의 뒷부분에서 북한의 김일성 주석에 다음과 같이 말했다.

"어떤 동맹국도 민족보다 더 나을 수는 없습니다. 어떤 이념이나 어떤 사상도 민족보다 더 큰 행복을 가져다주지 못합니다. 김주석이 참으로 민족을 더 중요하게 생각한다면, 그리고 남북한 동포의 진정한 화해와 통일을 원한다면, 이를 논의하기 위해 우리는 언제 어디서라도 만날 수 있습니다. 따뜻한 봄날 한라산 기슭에서도 좋고, 여름날 백두산 천지 못가에서도 좋습니다. 거기서 가슴을 터놓고 민족의 장래를 의논해 봅시다. 그때 우리는 같은 민족이라는 원점에 서서 모든 문제를 풀어나갈 수 있을 것입니다."[2]

당시 남북관계는 탈냉전의 흐름을 타고 분단 이래 전례 없는 새로운 국면을 누리고 있었다. 1988년 7월 7일, 전임 노태우 대통령이 「민족자존과 통일번영을 위한 대통령 특별선언」, 소위 7·7선언에서 진취적 대북정책을 약속하고 북한이 그에 호응하여 여러 차례의 (총리 수준의) 고위급회담을 거듭한 끝에 14개월 전인 1991년 12월 역사적인 「남북 간의 화해와 교류협력과 불가침에 관한 합의서」, 소위 남북기본합의서가 채택된 상황이었다. 비록 지난 1년 그 관계가 북한의 핵시설에 대한 사찰을 둘러싼 갈등과 이선실 간첩 사건과 같은 돌발사태에 의한 역풍을 맞았지만, 그것은 1961년 5·16쿠데타 이래 32년간 이어진 군부독재의 유산일 뿐 문민정부인 자신의 치세에서는 쉽게 극복하고 더욱 나아갈 것이었다. 그리하여 김영삼 문민 대통령은 통일 대통령, 아니더라도 남북

2 앞의 책, 42-43쪽.

통일에 결정적으로 이바지한 대통령으로 기억될 것이었다. 그와 같은 의지가 반영된 취임사였다. 대표적인 진보학자로 민주화 투쟁 동지이자 곧 통일원 장관이 될 서울대 한완상 교수의 조언이 반영됐다.

그런 의지를 보여줄 구체적인 조치가 필요했다. 마침 미전향 장기수 이인모 노인이 있었다. 이 노인은 6·25전쟁 종군기자로 들어왔다가 낙오한 후 빨치산 활동을 하다가 체포됐다. 전향을 거부하고 오랜 투옥 생활 끝에 최근에야 노환으로 석방된 후 병원에 입원해 있었다. 김 대통령도 좋아하던 함석헌 선생이 발간하는 『말』지에 그의 사연이 보도되어 진보적 인사들 사이에서 인도적 차원에서 그를 송환하라는 목소리가 나오던 참이었다. 북한도 꾸준히 그의 송환을 요구해왔다. 그를 송환하면, 문민 대통령으로서 이미지를 높이고 나아가 남북관계 개선에 대한 그의 의지를 과시할 수 있을 것 같았다. 관련부처 협의 끝에 그처럼 결정하고 김 대통령은 3월 11일, 언론사 간부들을 만난 자리에서 그 결정을 자랑스럽게 공개했다.

그런데 다음날 3월 12일 북한이 「핵무기 비확산조약」, 즉 NPT를 탈퇴하겠다고 선언했다. 이는 취임 이후 보낸 선의의 신호에 찬물을 끼얹는 격이었다. 북한이 선의를 선의로 갚는 것을 기대하는 것은 나무에서 물고기를 찾는 것과 같다는 것을 처음으로 실감하는 순간이었다. 그래도 3월 18일 예정대로 이인모 노인을 송환했다. 인도주의적 고려와 남북관계 개선에 대한 의지를 거듭 과시하고자 한 것이었다. 판문점을 넘은 이 노인이 김 대통령의 결단에 작으나마 감사의 표현을 할 수도 있었다. 그러나 이 노인은 "조선민주주의인민공화국 만세!"를 불렀다. 북한 당국은 대대적인 환영식을 열고 "주체사상의 위대한 승리"라고 했다. 김 대통령의 결단에 대한 언급 따위는 없었다. 북한에 정상적인 반응을 기대한다는 것은 나무에서 물고기를 구하는 것과 같다는 것을 다시 한 번 실감하는 순간이었다. 통일 대통령의 환상에 먹구름이 꼈다.

2월 26일 아침 김 대통령은 이경재 청와대 대변인을 통해 제1기 내각 인선을 발표했다. 부총리 겸 통일원 장관에 한완상 서울대 교수, 국가안전기획부(안기부) 부장에 김덕 한국외대 교수, 외무부 장관에 한승주 고려대 교수 등 소위 교수 3인방이 외교안보 분야에 기용됐다. 외교안보수석으로 기용된 정종욱 서울대 교수까지 포함하면 교수 4인방이었다. 언질을 받았으나 보안을 강조하는 김 대통령의 지시에 따라 인수인계 과정도 없이 인선 발표 이후에야 출근하고 취임식을 마친 한승주 신임 외무부 장관은 첫날부터 분주했다. 간밤에 오스트리아의 빈에 본부를 둔 국제원자력기구, 즉 IAEA에서 이사회가 열려 북한에 대한 결의안을 채택했다. 북한이 신고하지 않은 시설에 대한 '특별 사찰'을 요구하고 그 시한을 3월 31일로 정한, 일종의 최후통첩식 결의안을 채택했다. 35개 이사국 중 22개국이 공동제안하고 북한에 우호적인 중국, 시리아, 리비아, 베트남은 기권했다.

그 결의안이 채택되기까지 주오스트리아 한국대사관, 그리고 각 이사국에 주재한 한국대사관이 많이 노력했다. 북핵 문제가 향후 그와 그가 이끌 외무부의 역량과 업무 큰 부분을 차지할 것을 예고하는 것이었다. 장관이 된 것은 서울대학교 외교학과를 졸업하고 미국의 명문 캘리포니아대학교 버클리 분교에서 정치학 박사학위를 받은 후 뉴욕시립대학교에서 교편을 잡다가 고려대학교 정치외교학과 교수로 재직한 지 15년 만의 일이었다. 그간 외무부, 통일원, 국방부 등 여러 부처 정책자문위원을 지냈지만 직접 행정을 맡은 것은 처음이었다. 정책통 학자로서의 역량이 시험대에 올랐다.

원래 북한 문제에 있어서 외무부의 역할은 주변적이었다. 6·25 한국전쟁의 남침 전력이 있고 이후로도 끝없는 도발을 자행했던 북한은 무엇보다 정치적, 군사적 주적이었다. 군사적 주적으로서 북한을 다루는 것은 국방부와 주한미군의 소관이었다. 온갖 방법으로 정부의 전복을 노려온 정치적 주적으로서 북한을 다루는 것은 안기부의 소관이었다. 그래도 함께 통일을 이뤄야 할 동포로서 북한을 다루는 것은 부총리급 장관이 있는 통일원의 소관이었다. 외무부는 유엔을 비롯한 각종 외교무대에서 북한과 정통성 경쟁을 벌인 정도였다. 그 유엔에 가입한 것이 불과 1년 반 전의 일이다. 그때까지 유엔의 비회원국으로서 정통성 경쟁을 벌이려니 자연 미국에 의존하지 않을 수 없었다. 미국은 단지 '군사적' 동맹국이자 후견국이 아니었다. '외교적' 동맹국이자 후견국이었다. 그 미국과의 관계를 관리하는 것이 외무부 임무의 가장 중요한 부분이 됐다.

국제사회가 동서 양 진영으로 나뉘어 제로섬적 경쟁을 벌이고 남과 북이 그 첨단에 있던 냉전 시대에 한미 사이에 외교적 갈등이 없지는 않았지만 많지도 않았다. 그러나 냉전이 끝나고 미국의 관심이 냉전의 수행보다는 세계 관리로 넘어가고 있던 때 한반도는 여전히 냉전의 소용돌이에 있었다. 북한이 핵무장 의지를 다졌다면 그것은 세계적 탈냉전과 한반도의 냉전이라는 이상하게 어긋난 상황 때문일 수도 있었다. 그런데 탈냉전 시대 세계 관리에 관심이 있는 미국과 여전히 북한과의 냉전적 대결을 벗어나지 못한 한국 사이에 북한의 핵 문제를 둘러싼 이견이 표출될 가능성은 없는가? 정책통 학자로서 경험과 직감은 그럴 것이라고 말해주고 있었다.[3]

---

3   1992년 11월 한승주 고려대 교수는 미국 하원 아·태 소위원회가 개최한 북핵 문제 관련 청문회에 참가했다가 많은 전문가가 무력 사용도 불사해야 한다는 강경한 의견을 피력하는 것을

1987년 12월 미국과 소련이 중거리핵전력조약에 서명하여 냉전의 상징과 같았던 미소 간의 군비 경쟁이 끝났다. 1989년 11월 베를린 장벽이 무너지고 이듬해 독일이 통일됐다. 1990년 8월 이라크가 쿠웨이트를 침공하자 미국은 소련의 동의 하에 한국전쟁 이후 최초로 유엔의 집단안전 보장체제를 적용, 다국적군을 이끌고 이라크군을 몰아냈다. 조지 부시(George H. W. Bush) 당시 미국 대통령은 "신세계질서"가 도래했다고 선언했다. 물론 미국이 그 새로운 세계 질서의 관리자를 자처했다. 그 미국의 대통령으로 외교 문제에 경험이 별로 없는 젊은 변호사 빌 클린턴(Bill Clinton) 전 아칸소 주지사가 취임했다. 그가 북한이라는 냉전의 낙오병을 어떻게 볼 것인가? 냉전을 치른 적이 없는 그가 냉전 시절 전우였던 한국을 중요시할까? 분단 민족 남북 사이 미묘한 관계를 이해나 할까? 지난 100년간 한민족이 겪었던 불운을 알기나 할까?

19세기 서세동점(西勢東漸)할 때 개국 5세기째를 맞은 조선조는 왕조로서 기력이 쇠한, 마치 기름이 다한 등잔불 같았다. 왕실은 권문세가에 휘둘리고 조정은 부패하고 무능했다. 쇄국이라는 이름으로 그 변화를 외면하던 끝에 '왜놈'이라며 우습게 보던 일본의 군사적, 경제적, 정치적 침략을 받아 국권을 상실했다. 35년의 식민지배 끝에 제2차 세계대전이라는 세계적 사태의 결과 독립했지만, 동시에 냉전이라는 새로운 세계대전의 와중에 국토와 민족이 분단됐다. 그렇게 분단된 민족이 3년 동안 외세와 더불어 치열한 동족상잔을 벌였다. 전쟁은 멈추기만 하고 끝나지 않은 상태에서 남과 북은 폐허가 된 땅 위에 서로 두려워하고, 미워하고, 또 그리워하며 40년을 보냈다. 한반도에서 피를

보고 충격을 받았다. 이후 북핵 문제가 위기 국면으로 전개되면서 미국의 북한 공격을 막는 것이 외무부의 주요 임무가 되었다. 한승주, 『외교의 길』(서울: 올림, 2017), 88-89쪽.

흘린 미국과 중국 등 강대국은 한반도 상황에 늘 신경을 곤두세우고 있었다.

남북관계는 실로 묘했다. 기본적으로 반만년의 신화와 역사를 공유하고 7세기 삼국통일 이래 1,300년을 함께 살아온 동포였다. 갑작스러운 분단과 전쟁으로 무수한 이산가족이 발생하여 북과 남으로 헤어진 가족을 서로 그리워하는 사이였다. 10년 전 1983년 공영방송 KBS에서 진행한 이산가족 찾기에서 드러난 그 많은 안타까운 사연이란! 그러나 그 안타까운 사연들은 정치군사적 현실에 압도되고 묻혔다. 북한은 소련의 체제를 본받아 공산당 일당독재(또는 수령 유일 체제)라는 정치체제와 중앙집권적 계획경제의 경제체제를 그 근간으로 삼았다. 남한은 미국의 체제를 본받아 다당제 민주주의와 자본주의 시장경제를 그 근간으로 삼았다. 그러면서 남북관계에는 상대에 비춰 자국의 성취를 가늠하는 경쟁자라는 속성이 더해졌다.

남과 북이 냉전의 첨병일 때, 그래서 남북의 상대적 성쇠(盛衰)가 동서진영의 상대적 성쇠를 가늠하는 기준이었을 때, 체제의 절충을 통한 통일은 언급조차 할 수 없었다. 한 체제가 다른 체제를 압도하거나 흡수하는 식의 통일 외에는 대안이 없었다. 이는 곧 남과 북의 제로섬적 경쟁을 의미했다. 그런 구조적 조건에서는 통일에의 열망이 높을수록, 통일의 가능성이 클수록, 생존경쟁이 치열해지고 상호위협감이 커지는 모순이 있었다.[4] 그런 구조 위에 결정적인 역할을 한 것이 북한의 남침으로 시작되어 3년간 수백만 명의 목숨을 앗아

---

4 국제정치학자 배리 부잔은 체제를 달리하는 국가들 사이, 특히 분단국 사이에는 의도하지 않아도 존재만으로 안보에 위협이 되는 구조적 위협이 존재한다고 지적했다. Barry Buzan, *People, State, and Fear: An Agenda for International Security Studies in the Post-Cold War Era*, 2nd ed. (Boulder, CO: Lynne Rienner, 1991).

간 6·25 한국전쟁이었다. 그러므로 북한은 무엇보다 수많은 동족의 생명을 아랑곳하지 않고 그들의 정치경제체제로의 통일을 강요하는, 대한민국의 존망에 치명적인 위협을 가하는 적이었다.

그런데도, 혹은 바로 그 때문에, 남북관계의 개선은 정치적으로 매력이 있었다. 단기적으로 이산가족의 상봉과 같은 국민의 여망에 부응하는 일이 가능했다. 중기적으로 북한으로부터의 정치적, 군사적 위협을 완화하는 효과가 있었다. 장기적으로 통일의 전망을 높여주는 효과가 있었다. 그러나 통일이란 자칫 한 체제의 멸절을 의미하기 때문에 남북관계의 개선은 늘 위태로웠다.

4반세기가 지난 지금, 후지(後知, hindsight)적 관점에서 볼 때 NPT 탈퇴 선언이라는 북한의 외교적 수는 탈냉전으로 궁지에 몰렸던 북한의 입지를 결정적으로 뒤집을 수 있는 '신의 한 수'였다. 한국을 따돌리고 미국과 직접 대화의 장에 앉음으로써 국제적 위상을 높이고 한국과 미국 사이를 이간할 기회를 잡았다. 예의 통일전선 전술을 통해 남한 국민을 이간하여 소위 '남남갈등'을 초래할 수도 있었다. 실제로 1994년 10월 제네바 합의에서 미국과 북한은 상호 연락사무소를 설치하고 대사급 외교관계를 개설하기로 합의했다. 이듬해 1월 베트남이 미국과 관계 개선에 합의하고 그해 중 실천에 옮겼다. 이후 베트남은 고도성장을 거듭하여 아시아의 새로운 성장동력으로 부상했다. 2018년 이래 미국과 중국이 관세 전쟁을 벌이는 가운데 중국에서 철수하는 기업들이 베트남을 제1 후보로 꼽고 있다. 북한이 1994년의 합의를 제대로 실천에 옮겼더라면 베트남 이상의 성세를 누리고 있을지도 모를 일이다.

그러나 결과적으로 북한은 그 기회를 살리지 못했다. 미국과의 국교 정상화는 외면하고 몰래 우라늄 농축을 통한 새로운 핵무장 프로그램을 추진하다가 발각되어 새로운 위기를 초래했다. 이후 1994년 이래 봉인했던 사용 후 연료봉을 재처리하고 우라늄 농축에 박차를 가하여 2017년 핵무장을 완성하고, 그 결과 유례없이 강력한 국제적 제재를 받게 됐다. '핵 강국'의 꿈은 이루었을지 몰라도 군사적으로 쓸 수 없고 정치적으로 쓸모없는 핵무기를 보유한 대가로 경제적으로 낙후하고 외교적으로 고립된 나라가 됐다.[5] 그러나 당시에 그것을 내다볼 수 있는 선지(先知, foresight) 같은 것은 당연히 없었다.

선지가 없기는 남한도 마찬가지였다. 북핵 문제는 탈냉전의 순풍을 타고 성공적으로 항행하던 북방정책, 남북관계 개선에 제동을 건 풍랑과 같은 것이었다. 문민정부를 표방하면서 새로운 남북관계를 지향하는 신정부가 취임할 때 그 풍랑은 더 거세지고 있었다. 풍랑을 헤쳐나가는 선장은 물론 김영삼 대통령이지만 조타수는 결국 한승주 외무부 장관이 될 터였다. 그러나 사공이 많으니 이 배가 어디로 갈 줄 몰랐다.

2. 북핵 문제의 시발

북한이 핵무기를 개발하고 있다는 '의혹'과 2006년 이후 6차례의 핵실험으

---

5 국제정치학자 존 뮐러의 지론인 핵무기의 군사적 불용성과 정치적 무용성은 시사전문지 *Foreign Affairs* 2018년 11/12월호에 특집으로 재조명됐다. John Mueller, "The Essential Irrelevance of Nuclear Weapons: Stability in the Postwar World," *International Security*, Vol. 13, No. 2 (Fall 1988), pp. 55-79; *Nuclear Obsession: Nuclear Alarmism From Hiroshima to Al-Qaeda* (Oxford: Oxford University Press, 2010); "Nuclear Weapons Don't Matter: But Nuclear Hysteria Does," *Foreign Affairs*, Vol. 97, No. 6 (Nov./Dec. 2018) 참조.

로 확인된 바와 같이 결국 핵무기를 개발했다는 '사실'로 구성된 '북핵 문제'가 처음 '문제시'된 것은 1989년 9월 프랑스의 민간위성이 찍은 영변의 핵시설 위성사진이 공개되면서였다.[6] 1985년부터 소규모(5MW급) 원자로를 건설하여 가동해 오던 북한이 그 원자로에서 나온 사용 후 연료봉을 가공하여 무기급 플루토늄을 추출할 수 있는 재처리시설로 의심되는 건물을 건설하고 있는 것으로 드러난 것이다.[7] 더욱이 북한은 그 원자로의 10배(50MW), 40배(200MW)에 해당하는 두 개의 원자로를 추가로 건설하고 있었다.[8]

---

6 워싱턴포스트지의 오버도퍼 기자에 따르면 미국 정보국은 1980년대 초 북한이 5MW급 원자로 건설을 시작할 때부터 주목하고 있었다. 또 영변에서 기폭장치를 실험한 흔적을 발견하고 경각심을 가졌다. 다만 원료용 플루토늄을 추출하기 위한 재처리시설이 없어 완성과는 거리가 있다고 판단했다. 그러던 중 1980년대 말 재처리시설 건설의 징후가 포착되면서 미국 정보당국이 조만간 그 문제가 불거질 것을 예상하여 1989년 5월 극비리에 한국과 일본에 이 문제를 브리핑했는데 그것이 언론에 노출된 것이 '북핵 문제'의 시발이라고 한다. Don Oberdorfer, *The Two Koreas: A Contemporary History* (Reading, Mass.: Addison-Wesley, 1997), pp. 250-251, 256; 이용준,『북핵 30년의 허상과 진실』(서울: 한울, 2018), 45-6, 53-4쪽.

7 원자력은 우라늄과 같은 방사성 원소, 즉 자연상태에서 분열하는 속성을 가진 원소가 쪼개지면서 배출하는 에너지를 말한다. 불세출의 물리학자 아인슈타인이 $E=MC^2$라고 표시한 바에 따르면 1g의 우라늄이 핵분열하면 석탄 3t을 연소할 때 나오는 것과 맞먹는 에너지가 나온다. 다만 분열속도가 매우 느리므로(반감기 7억 년), 인위적으로 그 속도를 촉진하여 원자력 발전소나 원자폭탄에 활용한다. 그렇게 활용할 수 있는 방사성 원소는 우라늄235로 천연우라늄의 0.7%에 불과하고 나머지(99.3%)는 우라늄238로 방사성이 아니다. 단, 우라늄238은 우라늄235가 핵분열하면서 발산하는 중성자를 흡수하여 플루토늄239로 변환하는데 이것 또한 분열성이 강해 발전이나 폭탄으로 사용될 수 있다. 원자로에서 사용한 후 연료는 우라늄과 플루토늄이 뒤섞인 형태인데 그중 플루토늄을 화학적 과정을 통해 분리하는 것을 재처리라고 한다. 북한이 원자력 초기 단계에서 굳이 재처리시설을 건설하는 것은 원자폭탄을 만들기 위한 것으로 의심받을 만했다.

8 1MW(메가와트)는 1천 KW(킬로와트)의 전기를 생산할 수 있는 원자로의 용량을 말한다. 현재 한국 원자력발전소 대다수가 기당 1천 MW의 용량이니 그 1/200에 불과한 5MW는 발전용으로 경제성이 없었고 따라서 플루토늄을 생산하기 위한 시설로 의심받게 됐다. 그에 더해 더 큰 용량의 원자로 두 기를 건설하는 것은 그보다 많은 플루토늄을 더 많이, 빨리 생산하고자 하는 것으로 이해됐다. 후술 참조.

그 자체만으로는 놀랄 일이 아니었다. 당시 남한은 총 발전용량 4,000MW 에 근접하는 5기의 원자력 발전소를 가동하고 있었다. 원칙적으로도 주권국 가가 그 주권적 결정에 따라 원자력 에너지를 군사적 목적이든, 비군사적 목적이든 이용하는 것은 누가 뭐랄 일이 아니었다. 다만 냉전 시대 미국과 소련 은 핵무기 확산의 방지에 이해의 일치를 보고 1970년에 발효한 「핵무기 비확산에 관한 조약」, 곧 NPT를 중심으로 한 비확산 레짐을 구축했다. 그에 따르면 비핵무기 국가는 핵무기의 획득을 포기하는 한 원자력을 평화적 목적으로 자유로이 이용할 수 있고 그에 대한 국제협력도 기대할 수 있었다.[9] 단, 그러한 활동과 그를 위한 시설에 대해서는 「국제원자력기구」(International Atomic Energy Agency: IAEA)의 안전조치(safeguards)를 받아야 했다. 안전조치란 회원국의 원자력 활동이 평화적 이용에 국한된다는 초기의 확인, 곧 임시사찰(ad hoc inspection)과 이후 군사용으로의 전용이 없다는 사실을 확인하기 위한 정기사찰(routine inspection)을 의미했다. 국제기구가 주권국가를 그처럼 사찰하는 것은 주권침해에 해당하기 때문에 해당 국가의 자발적 동의가 필요했다. 그 필요에서 나온 것이 회원국과 IAEA가 체결하는 「안전조치협정」(Safeguard Agreement)이다.

북한은 1950년대부터 소련으로부터 연구용 원자로를 지원받아 운영하고 있었다. 그리고 그에 대해서는 IAEA로부터 제한적인 사찰을 받았다. 그러던 중 1980년대 초반, 원자력 발전을 위해 소련으로부터 4기의 경수로 지원을 약속받고 그 대신 소련의 요구에 따라 1985년 NPT에 가입했다. 문제는 북한이

9 원자력은 폭탄 제조 목적 외에 발전용, 의료용 등 평화적으로 여러 용도로 사용된다.

NPT의 규정에 따라 가입 후 18개월 이내에 하도록 규정된 IAEA와의 안전협정 체결을 4년이 지난 1989년까지 하지 않고 있다는 점이었다. 그러나 그것에는 IAEA가 잘못된 서식을 보낸 탓도 있었다. 동시에 북한의 원자력 프로그램이 초기 단계에 있었으므로 북한의 핵무기 개발 가능성은 북한의 핵 프로그램을 IAEA의 안전조치 아래 둠으로써 해결할 수 있는, 어렵지 않은 문제로 여겨졌다.

당시 미국은 탈냉전의 분위기 속에서 북한에 대한 점진적인 관여정책을 확정한 때였고[10] 북한이 비확산체제에 가입하도록 유도하기 위한 수단은 많았다. 반면 한국의 입장은 좀 더 미묘하고 복잡했다. 김영삼 대통령이 40년 이래 최초의 문민 대통령이라는 점에 자부심이 컸다면, 전임 노태우 대통령은 16년 만에 처음으로 국민 직접선거를 통해 당선된 대통령이라는 점에서 자부심이 컸다. 모든 정책에서 더 큰 정통성을 가지고 추진할 수 있다고 믿었다. 그것을 내세울 수 있는 과시적 성과가 필요했다. 그런데 마침 세계는 냉전의 종식과 함께 급변하고 있었다. 한국의 외교적 지평을 넓히고 남북관계에서 우위를 다질 절호의 기회였다. 그래서 나온 것이 북방정책이었다.

---

10 Joel S. Wit, Daniel B. Ponemann, and Robert L. Gallucci, *Going Critical: The First North Korean Nuclear Crisis* (Washington, DC: The Brookings Institute, 2004); 김태현 역,『북핵 위기의 전말: 벼랑 끝의 북미협상』(서울: 모음북스, 2005), 7-8쪽 (이하 인용 쪽수는 번역본의 쪽수임).

3. 북방정책

전체적으로 보아 북방정책은 한국이 세계적 차원에서 냉전 종식이라는 대변화를 맞이하여 적극적이고 능동적으로 외교적 지평을 확대하고자 한 것이었다. 당시까지 남북 사이 냉전적 대결을 반영하여 남과 북의 외교적 관계는 대체로 상호배타적이었다. 남과 북이 한반도의 유일한 정통정부를 주장하는 상황에서 외교관계를 맺는다는 것은 어느 한쪽의 편을 든다는 의미였고 따라서 남북의 외교적 지평은 거의 겹치지 않았다. 미국과 일본이 한국과 배타적 외교관계를 맺고 소련과 중국이 북한과 배타적 외교관계를 맺은 것이 대표적인 사례였다. 그런데 냉전이 종식됨에 따라 그 배타성이 무너지고 한국의 외교적 지평을 북한과 배타적 외교관계를 맺고 있던 구사회주의권 국가들로 확대할 기회가 생겼다. 북한과 외교관계를 맺은 나라와는 외교관계를 맺지 않는다는 소위 '할슈타인 원칙'은 1973년 일찌감치 포기했다.

그런데 이 북방정책과 북한과의 관련은 미묘했다. 한편으로 북방정책은 탈냉전의 기회를 활용하여 한국의 외교적 지평을 넓히고, 결과적으로 북한을 고립시켜 궁지로 몰기 위한 것이었다. 일단 북한을 궁지로 몰고 나면 그런 북한을 상대로 남북관계의 개선을 포함, 많은 것을 얻어낼 수 있을 것이었다. 다른 한편으로 북방정책은 세계적 차원의 긴장 완화, 나아가 체제 경쟁의 종식을 의미하는 탈냉전의 시대에 북한과의 긴장을 완화하고 교류를 증진함으로써(주로 북이 남에 끌려오는) 체제 수렴을 통해 통일의 기반을 구축하기 위한 것이었다.[11]

---

11 신욱희가 면담한 북방정책의 입안자/집행자 두 사람의 견해가 이처럼 상반된 견해를 보여준다. 이처럼 상반된 견해는 은애(恩愛)와 기휘(忌諱)의 대상인 북한의 이중적 정체성에 기인

그렇더라도 북한의 고립을 목표로 내세울 수는 없었다. 그렇다면 논리적으로 세계적 차원의 화해를 의미하는 탈냉전의 조류와 맞지 않았다. 또 현실적으로 북한의 동맹국/우호국이었던 사회주의권 국가들이 호응하기 어려울 것이었다. 그러므로 남북 사이의 관계 개선이 아울러 진행돼야 했다. 따라서 북방정책의 문을 연 7·7선언(1988년)의 공식 명칭은 「민족자존과 통일번영을 위한 대통령 특별선언」이었고 6개 주요항목 중 "사회주의 국가와의 관계 개선"은 "북한과 한국 우방과의 관계 개선"과 함께 마지막에 거론됐다. 다시 말해 7·7선언은 남북관계 개선이 주된 목표고 사회주의권과의 관계 개선은 부수적 목표였다.[12]

이렇게 볼 때 북방정책은 깨지기 쉬운 달걀처럼 조심스럽게 다뤄야 하는 것이었다. 우선 북한에 대해 우월한 지위를 확보해야 했다. 이것은 어려운 일이 아니었다. 경제적 우위는 확인됐다. 민주화로 정치적 정당성도 확보됐다. 탈냉전으로 외교적으로도 유리한 지위를 확보할 수 있었다. 둘째, 이 같은 경제적, 정치적, 외교적 우위를 활용해 북한을 남북관계 개선이라는 출구를 향해 몰고 가야 했다. 그리고 그 출구에 기다리고 있는 것이 나락이 아니라는 것을 북한이 믿도록 해야 했다. 셋째, 그 출구에 마련된 것은 미국, 일본, 나아가 서방

한 것으로 그 상반됨은 정도의 문제이지 종류의 문제가 아닐 수도 있었다. 그러나 이후 북한에 대한 태도가 정치적 분열 구도로 자리 잡으면서 그 차이는 종류의 문제로 전개됐다. 신욱희, "압박과 배제의 정치: 북방정책과 북핵 1차 위기,"『한국정치외교사논총』(2007).

12 나중에 나타난 바와 같이 남북의 존재와 체제에 대한 상호 인정을 전제로 하는 남북관계 개선은 곳곳에서 암초에 걸릴 것이었다. 또 한편으로는 남북관계 개선과 연계되고 다른 한편으로 북한 체제의 이질성으로 인해 "북한과 한국 우방과의 관계 개선"도 쉽지 않을 것이었다. 그러나 냉전이 서방의 일방적 승리로 끝난 이상 "사회주의 국가와의 관계 개선"은 대단한 성공을 거두었다. 그리고 북방정책은 대체로 그것으로 기억되고 평가됐다.

과의 관계 개선이었다. 그 과정에서 북한의 체제가(동유럽의 여러 나라처럼 붕괴하지는 않더라도) 시대의 조류에 부합하는, 따라서 남한에 수렴하는 쪽으로 변화하면 남북 사이에 작용하는 구조적 위협도 약해지고 남북의 평화공존, 길게는 남한이 주도하는 통일도 가능할 수 있었다. 그것이 북방정책의 구상이었다. 각 요소의 강도, 그리고 요소들 사이의 순서를 잘 조율하지 않으면 깨질 수도 있었다.

예컨대, 사회주의권 국가들과의 관계 개선이 전적으로 북한의 고립을 위한 것으로 비춰서는 곤란했다. 북한도 마찬가지로 미국, 일본 등 자본주의 국가들과 관계를 개선할 수 있다고 기대하도록 해야 했다. 그 틈 속에 남북관계를 밀어 넣어 남북이 기능적으로 협력하고 그로써 화해, 협력관계가 공고해질 수 있기를 기대했다. 그 과정에서 중요한 것은 미국·일본과 관계 개선의 속도였다. 겪어봐서 알거니와, 북한은 남북관계 개선은 외면한 채 미국, 일본과의 관계 개선에만 집중할 가능성이 있었다. 그러면 한국은 미끼만 앗긴 낚시꾼 신세가 될 것이었다.

북방정책은 성공적으로 진행됐다. 1988년 7·7선언 이후, 1989년 1월 헝가리와의 수교로 시작하여 1990년 9월 소련, 1992년 8월 중국 등 총 45개국과 새로운 외교관계를 개설했다. 남북관계의 경우 1989년 11월과 12월 남과 북이 총리급 고위급회담의 개최를 상호제안함으로써 대화의 물꼬가 트였다. 고위급회담은 일련의 예비회담을 거쳐 1990년 9월 4일 서울에서 열린 제1차 고위급회담을 필두로 1992년 10월까지 서울과 평양을 오가면서 모두 8차례 개최되었다. 아울러 1991년 9월에는 유엔에 공동 가입하고 1991년 12월 13일 제5차 고위급회담에서 「남북 간의 화해와 불가침 및 교류·협력에 관한 합의서」(남북기본합의서)가 채택되었다.

　이런 상황에서 북한이 핵무기를 개발할 수 있는 활동을 하고 있다는 의혹은 그 자체로서보다는 남북관계의 개선을 가로막는 성가신 장애물로 여겨졌다. IAEA가 북한에 안전조치협정 체결을 압박하고 미국이 심각한 우려를 표명하면서 노태우 정부는 남북관계의 진전을 방해하지 않는 선에서 북한이 IAEA와 안전협정을 체결하게 하려고 미국과 협조하여 몇 가지 유인을 마련했다. 첫째는 1957년 이래 한반도에 존재해 온 미국 전술핵무기의 철수였다. 마침 1991년 9월 부시 대통령이 전 세계에 존재하는 전술핵무기 철수를 결정하였기에 어려운 일은 아니었다. 그에 따라 노태우 대통령은 1991년 11월 8일 「한반도 비핵화와 평화구축을 위한 선언」을 발표하고 12월 18일 "지금 이 시각 우리나라 어디에도 단 하나의 핵무기도 존재하지 않는다"라는 핵 부재 선언을 했다. 이어 남과 북은 고위급회담의 맥락에서 12월 31일 「한반도 비핵화 남북공동선언」에 합의했다.[13]

　둘째는 북한이 몹시 원하던 팀스피릿(Team Spirit) 훈련의 중단이었다. 규모가 크고 기간이 긴 한미군사훈련에 북한이 맞대응하려면 많은 자원의 소모와 인적인 고통을 감내해야 했다. 그런 훈련의 중단은 북한에 자원의 소모와 고통을 면제해 주는 것으로 상당한 유인이 될 수 있었다. 1992년 1월 한국을 방문

13　공동선언은 전문과 6개 조문으로 구성되어 있다. ① 핵무기의 시험, 제조, 생산, 접수, 보유, 저장, 배비(配備), 사용을 하지 아니하며, ② 핵에너지를 오직 평화적 목적에만 이용하고, ③ 핵처리시설과 우라늄농축시설을 보유하지 아니하고, ④ 한반도의 비핵화를 검증하기 위하여 상대 측이 선정하고 쌍방이 합의하는 대상들에 대하여 남북 핵통제위원회가 규정하는 절차와 방법으로 사찰을 실시하며, ⑤ 이 선언의 이행을 위하여 공동선언이 발효된 후 1개월 안에 남북 핵통제위원회를 구성하며, ⑥ 이 공동선언은 남과 북이 각기 발효에 필요한 절차를 거쳐 그 문본을 교환한 날부터 효력을 발생한다.

한 부시 대통령은 그해 팀스피릿 훈련을 유예할 수 있다는 언질을 주었고 1월 7일 한국 정부가 훈련 중단을 발표했다.

마지막은 북한이 오래 원해 온 미북 간의 직접 대화였다. 그에 따라 1월 말 뉴욕에서 미국 국무부 서열 3위 정치담당 차관 아놀드 캔터(Arnold Kanter)와 북한 노동당 국제담당비서 김용순이 회담했다. 그것은 미국과 북한 사이에 유사 이래 최초의 고위급회담으로, 2018년 6월 싱가포르에서 있었던 최초의 미북 정상회담만큼이나 역사적인 사건이었다. 단, 한 가지 조심해야 할 것이 있었다. 북한이 한국을 통하지 않고 직접 미국과 소통하고 관계를 개선하면 한국과의 관계 개선에 소극적으로 바뀔 수 있다는 점이었다. 그래서 대화에 임하는 미국의 입장은 매우 조심스럽고 절제됐다. 그래도 북한은 후속 대화에 대한 기대를 버리지 않았다.[14]

4. 안전협정 체결과 문제의 확대

이러한 일련의 유인책에 따라 북한은 마침내 1월 31일 IAEA와 안전조치협정을 체결하고 1992년 4월 10일 비준했다. 북한이 자국의 핵시설과 활동을

---

14 그때까지 군사정전위원회를 제외하면 미국과 북한이 직접 대화를 하지 않는 것이 한미 사이에 공인된 관행이었고 따라서 이 회담은 한국의 사전 동의가 필요했다. 한국은 (1) 일회성일 것, (2) 메시지 전달에만 한정하고 협상하지 말 것, (3) 메시지의 내용은 한국과 미리 상의할 것 등의 까다로운 조건을 달아 동의했다. 이용준, 『북핵 30년의 허상과 진실』, 82쪽. 그러나 미국도 미북 회담이 북한에 혜택을 주는 것이며 북한은 아직 그 혜택을 누릴 만한 '선행'을 하지 않았다는 이유에서 그 회담이 내키지 않았다. 위트 외, 『북핵 위기의 전말』, 15-6쪽.

신고하고, IAEA가 최초 임시사찰을 통해 그 신고 내용을 확인하고, 모든 시설에 감시카메라를 설치하는 것이 첫 단계였다. 이후 정기사찰을 통해 관리하면 북한의 원자력 활동이 군사적으로 전용되는 것을 막을 수 있고 이에 따라 북한의 핵무기 개발 의욕을 저지할 수 있을 것이었다. 거기에 더해 추가적 안전장치가 있었다. 바로 1992년 2월 평양에서 열린 제6차 고위급회담에서 발효한 한반도 비핵화 공동선언이었다. 그 선언에 따라 남북핵통제공동위원회를 구성하여 상호 사찰을 할 수 있었다. 그 위에 남북고위급회담도 있었다.

그러나 장치가 많다고 반드시 좋은 것은 아니었다. 여러 통로가 함께 순항하면 상승(相乘)효과가 있을 수 있지만, 함께 막히면 반대로 상쇄(相殺)효과가 나타날 수 있었다. 즉, 하나가 표류하면 다른 것도 표류할 위험이 있었다. 실제로 1992년 3월 19일 제1차 회의가 열린 남북핵통제공동위원회에서부터 삐걱거리기 시작했다. 남한 측은 상호사찰을 위한 세밀한 규정을 준비해나갔으나 북한 측은 공동선언의 조항 하나하나를 다시 따지며 주한미군의 핵무기가 과연 철수됐는지 미군기지를 사찰하자고 들었다. 남한 측이 군사기지를 상호사찰하자고 하자 북한 쪽은 애초에 핵무기가 없었으니 필요 없다며 말꼬리를 잡았다. 상호사찰은 무시하고 IAEA의 사찰에 주력하고자 하는 것으로 보였다.[15] IAEA의 사찰이 잘 진행됐으면 그것으로 좋을 수도 있었다. 그런데 그렇지 않았다.

북한은 1992년 5월 4일 IAEA와의 안전협정에 따라 150쪽에 달하는 최초 보고서를 제출했다. 1주일 후 한스 블릭스 사무총장이 방북하여 북한의 환대

---

15 이용준, 『북핵 30년의 허상과 진실』, 79-80쪽; 공로명, 『한국 외교와 외교관: 대일외교 · 북방정책 · 북핵협상』 (서울: 국립외교원, 2019), 230쪽.

를 받으며 핵시설을 돌아봤다. 블릭스 사무총장은 환대를 받고 조짐이 좋다고 생각했다. 그리고 5월 25일 제1차 임시사찰이 시작됐고 큰 문제가 나타나지는 않았다. 그러나 10년 넘게 북한의 의심스러운 활동을 위성을 통해 추적했던 CIA는 북한이 완전히 정직하지 않다는 것을 알았다. 굴뚝을 통해 나오는 증기를 통해 문제의 5MW원자로가 언제 얼마 동안 작동을 멈췄는지, 그동안 얼마만큼의 사용 후 연료봉을 추출했는지의 추정치가 있었다. 그것을 재처리했다면 어떠한 시설이 필요한지도 추정했다. 그런데 북한은 폐기물의 저장소라고 짐작되는 두 개의 시설을 신고하지 않았다.

또 IAEA의 사찰이 거듭되면서 문제가 생기기 시작했다. 원래 북한은 최초 보고서에서 영변의 재처리시설을 신고하고 2년 전 "과학적 목적"으로 한 차례 90g 정도의 플루토늄을 추출했다고 보고했다. 그러나 사찰을 통해 수집한 시료를 과학적으로 분석한 결과 추출이 더 여러 차례 있었고 더 많은 양의 플루토늄이 추출된 것으로 추정됐다. 이에 대한 해명을 요구하고 북한의 해명에 신뢰성이 없다고 판단되면서 IAEA와 북한도 갈등 관계에 들어갔다. IAEA가 사찰 내용과 신고 내용 사이의 불일치에 대해 의문을 제기하기 시작하며 2개의 미신고시설에 대한 사찰을 요구함으로써 갈등은 증폭됐다. 그 와중에 처음부터 이미 삐걱거리던 남북핵통제공동위원회는 도움이 되지 않았다. 북한이 거짓신고를 했다는 것은 북한의 진정성에 대한 의구심을 높여주었다. 아울러(핵탄두 1~2개 분량으로) 의심되는 플루토늄의 추출은 핵무기 개발에 대한 북한의 의지를 보여주어 북한의 호전성과 적대성을 확인한 셈이 됐다. 핵통제공동위원회에서 남북 사이 다툼이 커지고 목소리가 높아졌다.

그런데 바야흐로 대선국면이 닥쳤다. 통일국민당을 창당한 현대그룹의 총

수 정주영 후보가 변수이기는 했지만, 대선은 대체로 여당 민자당의 김영삼 후보와 전래의 야당 민주당의 김대중 후보 사이 양자 대결로 전개됐다. 영남 출신 후보와 호남 출신 후보라는 지역대결 구도 위에 북한을 둘러싼 보수와 진보라는 이념대결 구도가 더해졌다. 양 김 후보는 모두 민주화 투사였지만 김영삼 후보는 어쨌거나 전두환 전임 대통령이 창당한 민정당을 가장 큰 줄기로 하는 보수 여당 후보였다. 김대중 후보는 북한에 대한 진보적 시각으로 잘 알려져 있었다. 그래서 직업적인 이유이든 신념의 이유이든 북한에 보수적인 시각을 가진 인사들이 김영삼 후보를 지지했다. 그러면서 북한 문제, 특히 북한의 적대성과 호전성을 강조하는 선거전략을 동원했다.

9월 16~17일 평양에서 열린, 결국 마지막이 된 제8차 남북고위급회담에서 연락을 맡은 이동복 안기부장 특보가 이산가족 상봉 합의를 막고자 훈령을 전달하지 않는 일이 발생했다. 10월 6일에 안기부는 "남로당 이후 최대의 간첩 사건"이라는 소위 중부지역당 사건 또는 이선실 사건을 발표했다. 어떻게든 임기 중 북방정책의 결실을 보고자 노심초사하던 노태우 대통령은 크게 노해 이상연 안기부장을 경질했다. 10월 하순에 열린 한미 연례 국방장관회담, 즉 한미안보협의회(SCM)에서 1993년도 팀스피릿 훈련을 위한 준비를 시작하기로 합의했다. 1992년도 동 훈련의 중단에 고무되고 나아가 영구 중단을 희망했던 북한은 그 결정을 맹렬히 비난했다. 이처럼 남북관계가 거의 파탄지경인 상태에서 1992년 12월 18일 치러진 제14대 대선에서 김영삼 후보가 42%의 득표율로 당선됐다.

북핵 의혹을 해소하기 위한 남북핵통제공동위원회는 12월 17일 제13차 회의를 마지막으로 더는 열리지 않았다. IAEA의 임시사찰은 12월 14일, 또

1993년 1월 26일 재개됐으나 북한은 여전히 두 개의 미신고시설에 대한 접근을 거부했다. 2월 9일 한스 블릭스 사무총장은 마침내 안전조치협정의 특별사찰(Special Inspection)을 원용하여 북한의 미신고시설에 대한 접근을 요구했다. 특별사찰이란 가맹국이 신고하지 않은 시설을 지목하여 접근하는 것으로 사실상 주권 침해의 요소가 있어 한 번도 원용된 적이 없는 것이었다. 가뜩이나 외국에 대한 의심증이 큰 북한은 주권을 침해하는 불공정한 요구라며 크게 반발했다.

이에 IAEA는 한발 더 나아갔다. 2월 22일 비공개리에 열린 이사회에서 북한이 특별사찰 대상으로 지목한 두 개의 시설을 은폐하려고 한 증거를 보여주는 위성사진을 공개한 것이다. 국제회의 장소에서 미국이 위성사진을 공개하여 상대방을 망신 준 것은 1962년 쿠바 미사일 위기 때 미국의 유엔 대표 스티븐슨이 소련 대표 도브리닌을 망신 준 이후 처음이었다. 북한이 당시 소련이 미국의 위협에 굴복하여 동맹국 쿠바를 버리는 것에 핵무장 결심을 굳혔다면, 그때 소련이 당했던 망신을 30년 후 당한 북한이 핵무장 결심을 더욱 굳혔을지도 모를 일이었다.

북한이 두 가지 점에서 오판 또는 오해한 것이 상황을 악화시켰다. 첫째, IAEA의 과학적 분석 능력을 과소평가했다. 북한은 최초 보고서를 통해 임시사찰을 넘기고 정기사찰을 받으며 국제사회의 압력을 피할 수 있다고 생각했을 것이다. 그러면서 핵무장 활동을 계속할 수 있다고 생각했을 수도 있다.[16] 실제로 나중에 밝혀졌듯이, 이라크도 NPT의 가맹국으로 IAEA의 정기사찰을 받으

16 Oberdorfer, *The Two Koreas*, p. 271; 이시영, 『한국 외교와 외교관: 이시영 전 주UN대사』(서울: 국립외교원, 2015), 234-235쪽.

면서도 핵무장 프로그램을 크게 진척시킨 바 있었다.

둘째, 바로 그 이라크 때문에 IAEA가 변신했다는 사실을 몰랐다. 원래 IAEA 는, 이전부터 북한도 제한적 사찰을 받으면서 알고 있었듯이, 정치색이 옅은 과학기술 전문가 집단이었다. IAEA 사찰단은 감시카메라의 전지와 필름을 교체하는 기계적인 사찰 활동 외에는 원자력 문제에 관한 기술적 조언을 하고 때로는 IAEA가 제공하는 기금을 활용하도록 도와주기도 하는 친절한 사람들이었다. 그런데 바로 전해 1991년 1월 사막의 폭풍 작전으로 다국적군이 이라크를 점령한 이후 발견한 바에 따르면 이라크가 IAEA의 사찰을 받는 가운데 핵무장 프로그램을 비밀리에 가동했던 것으로 드러나 IAEA의 신뢰성이 크게 타격을 받았다. 그런 IAEA에 북핵 문제는 그 신뢰성을 회복할 기회인 동시에 그에 추가적인 타격, 어쩌면 치명타를 맞을 수 있는 위기이기도 했다. 그래서 스웨덴의 외교부 장관을 지낸 한스 블릭스 사무총장은 미국 등 회원국의 정보제공을 수용하고 의심 시설에 대한 '특별사찰'을 활용하기로 하는 등 기관의 개혁을 추진했다. 그에 따라 IAEA 사찰관들은 친절한 기술고문이 아니라 마치 심문하는 형사처럼 바뀌었다. 그런 사정을 알 리 없었던 북한은 IAEA의 돌변이 미국의 음모를 업은 차별이라고 생각했다.[17]

2월 22일 위성사진을 공개하여 북한에 망신을 준 IAEA 이사회는 25일 북한 핵 관련 결의안을 채택했다. 35개 이사국 중 22개 국가가 공동발의하고 중국, 시리아, 베트남, 리비아 등이 반대가 아닌 기권 의사를 밝힌 가운데 표결 없이 채택됐다. 북한에 30일 이내 특별사찰을 수용하라고 요구하는 내용이었다.

---

17 Oberdorfer, *The Two Koreas*, pp. 267-8; 위트 외, 『북핵 위기의 전말』, 15-16쪽.

Ⅲ. 위기의 전개, 1993년 3월~1993년 12월

1. 북한의 NPT 탈퇴 선언

새로 취임한 김영삼 대통령은 대통령직 인수 과정에도 또 취임 후에도 북핵 문제를 심각하게 생각하지 않았다. 김 대통령은 한완상 통일 부총리의 제안을 따라 취임사에서 어떠한 이념이나 동맹보다 민족이 낫다며 북한에 우호적인 신호를 보냈다. 그것을 이인모 노인의 송환 결정으로 확인했다. 그러면서 군인이 아닌 문민 출신인 자신이 남북관계 개선에 획기적인 진전을 가져올 수 있다는 자신감에 차 있었다. 그 자신감은 취임 후 최초로 한 정상회담에서 독일 통일 당시 서독의 총리, 이어 통일 독일의 초대총리가 된 헬무트 콜을 만나면서 더욱 고양됐다.[18]

외교안보 문제를 다룰 팀도 제대로 갖추어지지 않았다. 정종욱 외교안보수석은 취임을 사흘 앞둔 2월 22일에야 수석자리 제안을 받았다. 그 사이 인수위원회도 없었고 개인적으로 친분이 깊던 김종휘 전임 외교안보수석에게서 어떠한 자료도 넘겨받지 못했다.[19] 그러니 북핵 문제에 대한 대처 전략이 있을

---

18   김영삼, 『김영삼 대통령 회고록』(상), 70-71쪽.

리 없었고, 3월 12일에 있었던 북한의 NPT 탈퇴 선언은 기습공격이나 마찬가지였다. 이후로도 북핵정책은 사태의 전개에 따른 대증(對症)적 처방으로 전개될 수밖에 있을 수 없었다. 그런 가운데 3월 2일 그해 팀스피릿 훈련이 시작됐다. 북한의 예의 신경질적 반응을 보였다. 그리고 3월 8일 새로 국방위원장이 된 김정일의 명의로 "준 전시상태"를 선포하고 등화관제를 시행하고 대규모 인원을 동원했다. 같은 날 신정부는 공로명 대사를 특사로 미국에 파견했다. 초대 주소련/러시아 대사를 지내고 남북고위급 대표 및 남북핵통제공동위원장을 지낸 공 대사는 외교에 경험이 많을뿐더러 북한의 행태에도 익숙했다.

공 특사를 맞은 미국도 준비가 안 되어 있기는 마찬가지였다. 빌 클린턴 대통령이 취임한 지 두 달이 채 되지 않았다. 의회의 청문회를 거쳐 인준을 받아야 하는 국무장관 등 핵심인사는 아직 취임하지 않았다. 미국에서 정권이 바뀌면 통상적으로 외교정책에 대한 전반적인 검토가 이루어지는데 그 기간이 대체로 몇 달 걸렸다. 유럽이나 중동보다 우선순위가 떨어지는 한반도 문제라면 더 늦어질 수도 있었다. 그래서 클린턴 행정부 초기의 북한 정책, 북핵정책은 전임 부시 행정부의 정책의 틀에서 유지되고 있었다. 정책 만이 아니라 인사에서도 그랬다. 나중에 북핵 문제를 둘러싼 북미회담의 수석대표를 맡은 로버트 갈루치 국무부 정치군사담당 차관보는 전임 행정부에서 유임된 사람이었다.[20]

공로명 특사는 세 가지 제안을 가지고 갔다. 첫째, IAEA의 사찰 노력을 지원

---

19   정종욱, 『정종욱 외교 비록: 1차 북핵 위기와 황장엽 망명』 (서울: 기파랑, 2019), 19-20쪽.
20   위트 외, 『북핵 위기의 전말』, 27-28쪽.

한다는 것으로, 새로운 것이 아니었다. 둘째, 3월 19일 팀스피릿 훈련이 끝난 후 남북핵통제공동위원회를 열어 상호사찰을 요구한다는 것이었다. 북한이 껄끄러워하는 상호사찰의 압력을 받으면 IAEA의 사찰에 더 적극성을 보일 수도 있다는 계산에서였다. 셋째, 미국이 북한과 직접 회담을 한다는 것으로 그동안 한국 정부에서 미북회담에 소극적이었던 것을 고려하면 새로운 것이었다. 그러나 미국은 별로 반기지 않았다. 미국이 북한과 대화를 하는 것은 혜택을 주는 것이고 북한은 그 혜택을 받을 선행을 하지 않았다는 생각은 변하지 않았다. 일단 IAEA가 정한 3월 25일의 시한까지 기다려보자는 것이 지배적인 생각이었다.[21] 공로명 특사는 귀국길에 일본에 들러 한미일 공조를 논의하라는 훈령을 아울러 받고 있었다. 그런데 공 특사가 일본을 향하는 중에 북한이 NPT 탈퇴를 선언했다.

북한이 NPT 탈퇴를 선언했을 때, 외무부 장관 하마평이 무성하던 공로명 대사를 제치고 외무부 장관이 된 한승주 교수는 매우 놀랐다. 그때 대통령은 진해에서 열린 해군사관학교 졸업식 참가차 청와대를 비우고 있었다. 정종욱 외교안보수석에 연락을 취하는 한편 이 사태가 어떻게 전개될지, 외무장관으로서 자신이 어떻게 해야 할지를 따져봤다. 첫째, 북한이 그들의 핵무기 개발 의혹을 규명하고 나아가 그 의지를 견제할 수 있는 NPT를 탈퇴하면 북한이 핵무기를 개발할 가능성이 크게 높아질 것이었다. 둘째, 그러면 일차적으로 한국에 지대한 안보 위협이 될뿐더러, 한국의 자체 핵무장에 대한 압력이 높아지고, 그것이 지역 전체로 확산하여 동북아 지역 전체가 핵 도미노에 빠질 우려

---

21 공로명, 『한국 외교와 외교관』, 242~44쪽; 위트 외, 『북핵 위기의 전말』, 27쪽.

가 있었다. 셋째, 그런데 무엇보다 우려스러운 것은 미국의 '과잉'반응이었다. 미국이 쿠웨이트를 침공한 이라크에 대해 다국적군을 이끌고 전쟁을 벌인 것이 불과 2년 전의 일이었다. 이라크에 버금가는 일탈 국가 북한이 세계질서 안정성의 핵심요소인 비확산체제에 노골적으로 도전한 이상, 군사적으로 반응할 가능성이 없지 않았다.[22] 한 장관은 바로 몇 개월 전 교수 신분으로 미국 의회 청문회에 참석하여 미국의 여론주도층이 북핵 문제를 어떻게 생각하는지 직접 경험한 바 있었다.

그러나 미국이 '성급한 행동'을 할지 모른다는 생각은 어쩌면 피해망상에 가까운 것이었다. 당시 클린턴 행정부는 행정부 인선이 제대로 끝나지 않은 상태였다. 3월 18일 각 부처의 부수장(副首長, deputy)들로 구성된 부수장위원회가 열려 검토한 대북정책은 '성급한 행동'과는 거리가 멀었다. 일단 외교적 전선을 확대하여 북한에 압력을 가하고, 특히 중국을 포섭하여 북한의 선택지를 제한한다는 정도가 당시의 결론이었다.[23] 같은 날 앞선 시간 오스트리아의 빈에서는 IAEA 특별이사회가 열려 북핵 문제를 유엔 안전보장이사회(안보리)에 회부할지를 논의했다. 3월 19일 팀스피릿 훈련이 끝나고 북한도 전시동원체제를 해제하여 군사적 긴장이 낮아진 가운데, 3월 23일 한승주 외무장관이 미국 방문길에 올랐다.

한 장관은 한국의, 혹은 한국의 외무부 장관으로서 자신이 마련한 '채찍과 당근' 전략을 가지고 갔다. 채찍은 유엔 안보리를 통한 제재, 즉 유엔헌장 제7

---

22 Oberdorfer, *The Two Koreas*, pp. 281-82; 한승주, 『외교의 길』, 88쪽.
23 위트 외, 『북핵 위기의 전말』, 34-35쪽.

장에 따른 외교적 압박, 경제제재, 군사행동의 가능성이었다. 당근은 팀스피릿 훈련의 취소, 안전 보장 제공, 무역 등 기타 국제사회와의 관계 개선 등의 약속이었다. 한 장관의 결론은 "압력만으로는 안 된다"라는 것이었다.[24] 외무장관으로서 한 장관의 주장은 외교를 담당하는 미국 국무부에서는 잘 통했다. 그러나 6·25 한국전쟁 이래 '군사적' 적국이었던 북한을 상대하는데 국무부의 발언권은 약했다. 국방부, 합동참모본부(합참) 등의 목소리가 더 컸다. 국방부, 안기부의 목소리가 외무부보다 큰 것은 한국도 마찬가지였다. 그러나 군사적으로 봤을 때 뾰족한 수가 없었다. 북한의 핵시설에 대한 '족집게 폭격'(surgical airstrike)은 적어도 그때까지는 미국의 선택지에 오르지 않았다. 그런데 한국은 이미 걱정이었다. 권영해 국방부 장관은 한국을 방문한 레스 애스핀 미국 국방부 장관을 만나 족집게 폭격이 족집게로 끝나지 않을지 모른다고 걱정했다.[25]

한편, 3월 25일 시한이 지나자 IAEA 이사회는 3월 31일 특별이사회를 열고 중국의 반대에도 불구하고 북한 핵 문제를 유엔 안보리에 회부하기로 결정했다. 유엔은 중국의 입장을 고려하여 4월 8일 구속력이 있는 결의안이 아닌 의장성명의 형태로 북한의 협력을 촉구했다. 그리고 5월 11일에는 결의 825호를 통과시켰다.[26] 그러나 유엔헌장 제7장의 제재 규정을 원용하지는 않았다.

---

24 Oberdorfer, *The Two Koreas*, p. 282.

25 앞의 책.

26 4월 22일 한승주 외무장관은 태국 방콕에서 열린 다자회의에서 첸치천(錢其琛) 중국외교부장을 만나 한국이 미국과 북한과의 직접 대화를 반대하지 않는 대신 중국이 북핵 문제에 관한 유엔 안보리 결의안에 거부권을 행사하지 말라고 요청했다. 첸 부장은 약속하지 않았지만 5월 11일 결의안에 거부권을 행사하지 않았다. 앞의 책, p. 283; 한승주, 『외교의 일』, 90~91쪽. 한 장관은 이때를 "3월 하순"이라고 기록하고 있으나 이는 4월 하순의 오기(誤記)임이 분명하다.

그런데 북한은, 적어도 밖으로는, NPT 탈퇴 선언이 핵무장을 하겠다는 결심이라기보다는 IAEA와 한국의 압력에 대항한 외교적 수로 협상을 통해 번복할 수 있다고 암시하고 있었다. 3월 중순 허종 북한 주유엔 차석대사가 미국과의 실무협상을 통해 NPT 탈퇴 번복 조건을 밝혔다. 5월 초에는 미국 국무부 한국과 북한 담당관 케니스 퀴노네스에 전화하여 같은 의사를 밝혔다.[27] 결국, 미국은 한국의 동의 또는 독려 하에 북한과 직접 대화를 하기로 했다. 길게 보아 중국의 협조가 필요할 것인데, 그 중국이 미북 대화의 필요성을 강조한다는 점도 고려한 결과였다.

2. 미북 고위급회담

가. 제1단계 회담 (1993. 6. 2∼11.)

6월 2일 수요일, 북한의 NPT 탈퇴 선언이 효력을 발휘하기 열흘 전, 미국 국무부 정치·군사담당 차관보 로버트 갈루치와 북한 외교부 제1부부장 강석주를 수석대표로 한 미북 고위급 회담이 뉴욕에서 열렸다. 미국과 북한이 정치적 차원에서 포괄적인 내용의 대화를 하는 것을 꺼려온 한국과 미국 정부로서 핵 문제에 한정한 대화를 갈루치 정치·군사담당 차관보가 담당하는 것은 논리적으로 큰 문제가 없었다. 그런데 상황은 그렇게 논리적으로 흘러가지 않았다.

우선 미국과 북한의 대표단이 만나 적대적인 입장에서 상견례를 한 지 만

---

27 정종욱, 『정종욱 외교비록』, 267쪽.

하루가 지나지 않은 6월 3일, 김영삼 대통령이 언론과 만나 취임 100일 기념 기자회견을 했다. 이 자리에서 김 대통령은 "핵무기를 갖고 있는 상대와는 결코 악수할 수 없다"라고 선언했다. 취임사 이래 문민정부의 노선으로 분명히 했던 대북 포용정책의 전제조건으로 북한의 핵 투명성을 요구한 것으로 읽힐 수 있는 내용임에도 불구하고 북한은 대북 포용정책의 포기라고 맹비난했다.[28] 이후 김영삼 정부 시절 남북관계는 이 말에서 벗어나지 못하여 끝내 갈등으로 이어졌고 그만큼 북핵 문제의 해결도 어려워졌다.

한편 미국과 북한이 일단 만나면, 그리고 미국이 북한이 NPT에 규정된 주권적 권리에 따라 선언한 NPT 탈퇴를 번복하도록 설득하려면 법과 규범, 또는 국가 이익의 관점에서 북한을 설득할 수가 필요했다. 아니라면 순수한 권력정치적 측면에서 협박해야 했다. 회담은 기세 싸움으로 시작했다. 먼저 발언한 강석주는 IAEA의 불공정성을 장황하게 비난하고 그 배후에 미국이 있다고 화살을 돌렸다. 그러니 NPT에는 절대 복귀하지 않을 것이며 남북비핵화공동선언의 틀에서 한반도 비핵지대화를 만들자는 제안을 하기도 했다. 또 김일성 주석이 발전용이라고 강변했던 핵시설이 무기용으로 전용될 수 있다고 협박하며 NPT 복귀가 아니라 핵무기의 비제조를 협상의 장에 내놓았다. 그리고 미국이 핵 위협을 중단할 것과 경수로 기술을 이전할 것을 요구했다.[29] 이처럼 북

---

28 앞의 책, 48-49쪽. 이어 김 대통령은 "북한의 핵투명성이 보장될 때 북한을 적극 도울 것이며 우리는 북한을 흡수할 의사도, 그럴 필요도 없음을 분명히 해둔다"라고 했다.

29 북한의 원자로는 북한에 풍부하게 존재하는 천연우라늄을 사용하는 가스흑연 감속로였다. 이 원자로는 우라늄의 농도가 낮은 만큼 효율이 떨어질뿐더러 사용 후 연료에 더 많은 플루토늄이 생성되고 연료봉의 부분 인출이 가능하여 안전조치도 어려웠다. 반면 경수로는 농축우라늄을 사용하여 효율이 높고 플루토늄의 생산량이 상대적으로 적고 연료봉 교체와 인출은 한꺼번에 이루어져야 했으므로 외부에서 감시하기가 쉬웠다. 나아가 당시 북한은 우라늄

한이 NPT 탈퇴를 강행하겠다고 협박하자 갈루치는 국제사회의 강경한 대응, 즉 유엔제재를 언급하면서 응수했다.

강석주는 발끈하여 제재가 곧 "전쟁 선언"이라는, 이듬해 외교적 위기가 군사적 위기로 확대하는 빌미가 되는 발언을 했다. 그리고 핵무기 제조 가능성을 강하게 주장했다. 그에 대해 갈루치는 "북한의 핵무장을 용인할 미국 대통령은 없다"라며 이 문제가 순전히 법적인 문제 이상이라는 언질을 주었으나 강석주에게는 통하지 않았다. 적어도 그 시점에서 강석주는 '준전시 상태' 하에서 NPT 탈퇴를 선언했던 자국의 비장함을 업고 있었으나 갈루치는 그런 것이 없었다. 한 번도 보지 못했던 신기한 나라의 신기한 행태를 신기해하고 그 결연함에 질릴 따름이었다.[30]

회의는 하루 정회 후 금요일 다시 열렸다. 미국 측은 유엔헌장의 원칙에 기초하여 안전 보장을 제공할 수 있다고 제안하고 대신 북한이 NPT에 잔류하여 안전조치를 이행할 것을 주장했다. 강석주는 여전히 NPT 탈퇴를 기정사실로 만들려고 했다. 미국 측이 북한이 전에 일정한 조건이 충족된다면 NPT에 잔류하겠다고 했던 사실을 상기해도 막무가내였다. 다만 회의가 끝나고 기자들에게 회의는 결렬되지 않았다고 말하고 항공 일정을 취소함으로써 일말의 여지를 남겼다. 회담은 다음 주 월요일 7일 실무급, 케니스 퀴노네스와 리용호 사이에 재개됐다. 6월 12일로 정해진 시한은 일, 시, 분 단위로 다가오고 있었다.

농축기술이 없어 연료를 외부에서 수입해야 했으므로 감시와 통제가 더욱 쉬웠다. 북한은 1985년 소련과 경수로 원전 도입에 합의했으나 소련의 경제난과 이후 붕괴로 무산됐다. 이후 1992년 5월 한스 블릭스 사무총장이 방북했을 때, 또 같은 6월 남북대화의 맥락에서 서울을 방문한 김달현 부총리가 요청하기도 했다. 위트 외, 『북핵 위기의 전말』, 64-65쪽.

30 앞의 책, xxv쪽.

협상이 실패로 끝나면 북한의 탈퇴는 기정사실이 되고 미국은 전례 없는 외교적 도전에 직면해야 할 것이었다. 그리고 북한은 미국이 정하는 그 무엇이든 그에 따른 결과를 감수해야 할 것이었다. 갈루치는 협상을 위해 그 자리에 간 것이다. 결과야 어떻든 협상이 깨지면 그에게는 실패였다. 강석주는 협상만을 위해 그 자리에 간 것이 아니었다. 넓은 의미에서 보면 협상이기도 하지만, 협박하기 위해 간 것이다. 곧 북한판 '벼랑 끝 외교'의 시작이었다.[31] 시한을 하루 이틀 앞둔 10일과 11일 갈루치와 강석주는 다시 만나 6개 항목에 합의하고 그것을 언론발표문의 형식으로 발표했다. 미국은 북한에 (1) 안전을 보장하고, (2) 공식적 회담을 계속하겠다고 약속하고, 대신 북한은 (3) "필요하다고 생각하는 동안" NPT로부터 탈퇴를 유예하겠다고 약속하는 내용이었다.[32]

양측은 이상과 같은 내용의 합의문을 발표하고 이로써 일단 북한의 NPT 탈퇴 선언으로 초래됐던 위기는 일단 해소됐다. 그러나 그 사달을 초래했던 사찰 문제는 미제로 남았다. 강석주는 처음부터 강변한 대로 NPT 탈퇴를 철회하지 않았다. 단지 유보했을 따름이다. 안전조치의 "공정한 적용"을 합의문에 포함하여 IAEA의 불공정한 조치가 이 사달을 초래했다는 북한의 강변을 인정한 셈이 됐지만, 갈루치는 NPT로 완전하게 복귀하지 않은 북한에 IAEA 안전조치를 적용하려면 불가피하다고 생각했다. 모든 것이 잠정적이었던 만큼 후속 회담은 불가피했다. 후속 회담을 염두에 둔 미국 측 참석차들은 북한의 협상 태도

---

31 '벼랑 끝 외교'는 절체절명이라는 상황적 변수만 있는 것이 아니다. 그에 걸맞은 외교행태, 즉 마치 죽음을 앞둔 사람처럼, 고함지르고 협박하는 식의, 품위 있는 외교관의 이미지와 맞지 않은 행태도 포함한다. 이용준, 『북핵 30년의 허상과 진실』, 108쪽.

32 앞의 책, 62-66쪽.

에 고무됐다. 강짜만 부릴 것으로 생각했던 북한 측이 사안을 하나씩 짚어가며 협상하는 태도를 보인 것이었다. 갈루치는 북한 측이 그가 겪었던 이라크 외교 관들보다 말이 더 잘 통한다고 생각했다. 그래서, 값만 맞으면 거래가 가능할 것이라는 기대를 품었다.

북한의 처지에서 미국과 협상하여 합의문을 도출한 것은 기념비적인 사건 이었다. 지난해 캔터-김용순 회담에서 미국은 합의문을 발표하는 것 자체를 반대했었다. 합의문 발표를 반대한다는 것은 미국이 북한의 존재 자체를 인정 하지 않겠다는 것과 마찬가지였다. 그런데 그 내용이 무엇이든 합의문을 도출 한 것은 미국이 북한의 존재를 인정하고 협상하고 합의할 상대로 간주한 것이 니 북한으로서는 자축할만한 대사변이었다. 북한이 NPT를 탈퇴를 선언하는 강수를 둔 것이 미국의 주목을 받고 미국과 양자 대화를 하기 위한 것이라면 그 수는 완벽하게 성공했다. 바로 그 때문에 이 합의문의 채택과 발표는 한국 보수파의 비위를 건드렸다. 후술하는 바와 같이 북한이 미국과 가까워지는 것 은 그만큼 미국과의 사이가 멀어지는 것 이상의 의미가 있었다.

나. 제2단계 회담 (1993. 7. 14.~19.)

취임사에서 전향적인 대북정책을 선언한 김영삼 대통령은 남북관계 진전을 위한 돌파구 마련에 고심하고 있었다. 5월 3일 정부는 대통령 주재 안보관계 장관회의를 비공개로 열고 남북 고위급 대표 접촉을 추진하되, 시기는 안보리 결의안, 미북 접촉 등 유동적 상황을 고려하여 탄력적으로 결정하기로 했다. 그에 따라 정부는 5월 20일 북한에 전통을 보내 남북 고위급 접촉을 제의했 다. 이어 5월 24일 김영삼 대통령은 '한국의 신외교'를 선언하며 남북 사이의 평화공존과 공동번영을 위한 대북정책 방향을 밝혔다. 다음날 북한은 강성산 총리 명의의 전통을 보내 최고 당국자가 임명하는 부총리급 특사 교환을 제의했다. 그리고 한완상 통일부총리를 구체적으로 지명하여 남한을 혼란과 분열에 빠뜨렸다. 남북한은 5~6월에만 11차례의 전통을 주고받았으나 아무런 진전이 없었다. 그러던 중 북한은 6월 3일 김 대통령의 취임 100일 기자회견 당시 발언을 문제 삼아 남에 대한 전면적인 선전 공세에 나섰다.[33]

이처럼 남북관계에 진전이 없는 가운데 미북 회담에서 언론발표문이 공동 명의로 나오자 김 대통령의 심기가 불편했다. 강석주와 갈루치의 사진이 마치 바람피우다 들킨 남녀 같다는 비유에 더욱 심기가 상했다. 남북관계에는 진전이 없는 가운데 북미관계에 진전이 있으니, 저속한 비유를 하자면, 마치 애인을 뺏긴, 혹은 애인이 바람피우는 것 같은 느낌이 들었다. 김 대통령은 6월 17일에 녹화되고 25일 방송된 영국 국영방송 BBC와의 인터뷰에서 미국은 북한의 시간 벌기에 속지 말고 더는 양보하지 말아야 한다고 주장했다. 한승주 장관은 한미 간의 이견으로 비칠 이 인터뷰의 파장을 막기 위해 노력했지만, 김 대통령은 7월 2일자 뉴욕타임스에 실린 인터뷰에 같은 주장을 되풀이했다. 북한이 "핵 개발을 완성하기 위한 시간을 벌려고" 미국을 "가지고 놀고" 있으며, 미국이 더는 "북한에 끌려다니지 말 것"을 희망한다고 했다.[34] 북한이 NPT 탈퇴를 선언한 이후 북미회담을 먼저 제안했던, 그리고 회담의 매 단계에서 미국의 브리핑을 받은, 한국의 대통령이 이처럼 미국을 비난하고 나서니 갈루치 등

---

33 정종욱, 『정종욱 외교비록』, 270쪽.

34 David E. Sanger, "Seoul's Leader Says North Is Manipulating U.S. on Nuclear Issue," *New York Times*, July 2, 1993, p. 3.

미국 국무부 관리들은 황당할 따름이었다. 그러나 김 대통령의 반응은 동포요, 경쟁자요, 적인 북한의 복합적 정체성에서 기인한 한국인들의 보편적 정서와 맥을 같이했다. 그래서 이와 같은 사달은 처음이지만 마지막은 아닐 것이었다.[35]

북한이 나쁜 짓을 하고도 보상을 얻는다는 불만, 북한에 대해 배타적이어야 할 동맹국 미국이 북한에 가까워진다는 불안감은 7월 10~11일 클린턴 미국 대통령의 방한으로 수그러졌다. 클린턴 대통령은 11일 새벽 청와대 경내에서 김 대통령과 함께 조깅을 하고 판문점을 방문하여 "북한 정권의 종말"을 언급했다. 북한이 핵무기를 개발하는 것은 무의미한데 그 이유는 그 핵무기를 사용하는 순간이 바로 "북한 정권의 종말"을 의미하기 때문이라고 한 것이다. 사흘 후 제네바에서 열린 제2단계 북미회담에서 강석주는 바로 이 말을 문제 삼으며 협상을 시작했다.

제2단계 회담은 7월 14일 제네바 미국 대표부, 16일 북한 대표부, 18~19일 인근 호텔에서 개최되었다. 첫날 회의에서 갈루치는 북한이 IAEA 사찰을 수용하여 북한이 신고한 플루토늄의 불일치 문제를 해소할 것을 권고했지만 강석주는 웃어넘겼다. 두 번째 회의에서 강석주는 현재의 핵시설을 새로운 경수로 원자로 시설로 대체하겠다는 제안을 했다. 경수로 문제는 제1단계 회담에서도 언급이 되었지만 길게 논의되지는 않았다. 이제 강석주는 현재 시설의 문제

---

35 북미회담에 대한 한국의 불안 내지 불만은 세 가지였다. 첫째는 "우리 문제"를 미국에 외주를 준 모양새가 불편했다. 둘째, 미국이 "우리 문제"를 다룸에 있어 "우리"의 입장을 제대로 지켜주지 못할까 불안했다. 셋째, 동맹국인 미국과 적국인 북한의 관계가 개선되면 그만큼 동맹국과의 거리가 멀어진 것 같은 불안이 있었다.

점과 경수로의 장점을 길게 나열하며 주요 안건으로 삼고자 했다. 다만 북한에 자원과 기술이 없으므로 국제사회가 제공해야 한다고 주장했다.

북한의 경수로 제공 요청에 대해 미국 측은 처음에는 황당했다. 경수로 건설은 비용이 많이 들고 시간도 오래 걸릴 것이었다. 북한의 시급한 전력 상황을 고려하면 화력발전소 등이 훨씬 더 쉽고 빠른 방법이었기 때문이었다. 그런데 정치적으로 볼 때 그 제안은 말이 되는 소리였다. 북한이 핵 프로그램을 전기 생산을 위한 것이라고 주장해왔으니, 그것을 경수로로 대체함으로써 현재 문제시되고 있는 핵 확산 의혹, 나아가 사찰 문제를 우회할 수 있는, 현재 처한 난처한 궁지를 해소할 수 있는 외교적 묘수였다. 즉, 핵무장 욕심을 인정하지 않고도 원자력 능력을 증진할 기회인 것이었다. 강석주가 그 말을 한 즉시 국무부 대북정보통으로 오래 근무한 로버트 칼린은 메모장에 "이들은 이 상황을 벗어나고자 한다"라고 기록했다.[36]

갈루치는 그것이 올바른 방향이라고 긍정적인 평가를 하면서도 엄청난 비용을 지적했다. 그리고 그 비용을 정당화하려면 북한이 비확산 문제를 둘러싼 미국의 의혹을 해소해야 한다고 주장했다. 강석주는 적극적이었다. 미국이 경수로 기술의 제공에 대한 "원칙적인" 합의를 하고 "특별사찰"이라는 표현을 사용하지 않는다면 IAEA와 미신고 시설의 사찰에 대해 논의할 용의가 있다고 했다. 경수로 지원만 확보되면 NPT 복귀는 당연하니 안전조치 문제도 문제가 아니게 될 것이라고 했다. 그래서 갈루치는 취재진에 다음 주에 "중요한" 발표가 있을 것이라고 언질을 주었다.

---

36 Oberdorfer, *The Two Koreas*, p. 290.

그런데 오후 회담에서 강석주는 태도를 바꾸어 북한에 경수로를 지원하겠다는 "원칙적인 합의"가 아니라 "보장"을 하라고 요구했다. 보장이 아니라면 미신고 시설에 대한 접근, 즉 특별사찰은 불가능하며, 보장하더라도 그 시점은 경수로 기술 이전이 완료된 다음이어야 한다고 주장했다. 북한은 막연한 약속만으로 IAEA 사찰을 수용하면 그 결과에 따라 경수로 제공 약속이 백지화될 수 있다는 데 생각이 미친 모양이었다. 갈루치로서는 당연히 수용할 수 없는 주장이었고 그날 회의는 그대로 끝났다. 다만 다시 논의하자는 것으로 파국만을 면했다.

이틀 후 르리쉬몽호텔에서 재개된 회담은 여전히 평행선을 그렸다. 하루를 더 만난 끝에 겨우 결렬만 면한 수준의 결론을 얻었다. 합의문 발표는 없었다. 미국은 북한이 경수로를 도입하는 것을 "지지"할 준비를 할 것이며 핵 문제의 "최종 해결"의 일부로서 "경수로를 획득하는 방법을 북한과 더불어 찾아볼 것"이라고 했다. 북한은 IAEA와 안전조치 문제에 대해, 한국과 비핵화 공동선언을 포함한 양자적 문제에 대해 논의를 시작하겠다고 약속했다. 그리고 2개월 내 제3단계 미북회담을 열기로 했다. 다만 미국은 제3단계 회담은 IAEA 및 한국과의 대화에서 의미 있는 진전이 있어야 한다고 못 박았다. 그러나 제3단계 회담을 위한 전제조건을 충족하는 것이 그처럼 어려운 줄은 몰랐다.

3. 세발자전거

이번에는 한국이 불만스러워하지 않았다. 우선 미국은 한국에 대한 브리핑에 주의를 기울였다. 그리고 주한미국대사관에 근무하는 대니 러셀(Danny Russell)을 대표단에 포함하여 매일 한국 측에 브리핑하고 그 의견을 듣도록 했다.[37] 그리고 제3단계 북미회담의 전제조건으로 남북대화의 진전을 포함한 데도 만족했다. 제1단계 회담에서 사찰의 공정성을 언급한 데 대해 불만이었던 IAEA도 그 점에는 나름대로 만족스러워했다. 어쨌거나 이제 전선은 3면으로 형성됐다. 하나는 IAEA와 북한이었다. 다른 하나는 남북한이었다. 그리고 나머지는 미국과 북한이었다. 제2단계 회담에서 제3단계 회담의 전제조건으로 앞의 둘에서 의미 있는 진전을 내세웠기 때문에 이제 북핵 문제는 바퀴를 셋 가진 세발자전거와 같았다. 문제는 세 바퀴가 모두 자체의 동력을 가지고 있을 뿐더러 방향성도 달라서 앞으로 나가기가 몹시 어려워졌다는 점이었다.

가. 첫 번째 바퀴: IAEA-북한

IAEA는 제1단계 북미회담 합의문에 "사찰의 공정성"을 언급한 것이 마치 IAEA의 사찰이 불공정했다고 인정하는 것 같아 조직적 차원에서 불편했다. 그렇지 않아도 이라크 문제로 신뢰성의 위기를 느끼고 북한 문제로 그 신뢰성을 회복하려던 차에 오히려 더욱 의심받게 된 것이었다. 따라서 IAEA는 북한에 대해 더욱 강경하게 접근하고자 했다. 북한이 NPT 탈퇴를 선언하고 그 시한이 3개월로 정해졌을 때 IAEA는 기왕에 취한 '안전조치의 계속성'(continuity of safeguards)이라는 개념을 개발하여 북핵 문제에 계속 관여하고자 했다. 즉, 원자로 주변에 설치하여 금지물질의 전용을 감시하는 카메라가 제대로 작동하

---

37 미국 대표단은 한국 측이 수용할 지 여부를 사전에 평가하는 러셀이 마치 탄광 속의 유독가스를 측정하는 카나리아와 같다고 농담했다. 위트 외, 『북핵 위기의 전말』, 91쪽.

는지 확인하고 주기적으로 배터리를 교체하고 필름도 갈아주어야 했다. 임시 사찰이 문제없이 마무리되면 진행되는 정기사찰의 큰 부분이 바로 그것인데, 북한의 경우 임시사찰이 종결되지 않은 상태에서 특별사찰이 논의되고 또 파국에 이르렀으므로 그처럼 제한적 용어로라도 IAEA의 역할을 확보하려고 한 것이었다. 5월 초, 미국과의 직접 협상을 바라던 북한은 이를 위한 IAEA 사찰단의 방북을 허용하고, 추가 감시카메라 설치를 허용했었다.

이제 제네바회담의 결과 IAEA는 5월보다 더 포괄적인 사찰을 실행할 수 있게 됐다고 생각했다. 그러나 북한은 NPT 탈퇴를 잠시 유보한 특수한 지위에 있는 자국이 IAEA와 협력하는 것은 안전조치 협정에 따른 의무 때문이 아니라 북미회담의 합의 때문이라며 협력하려 하지 않았다. 그리고 8월 초 IAEA 사찰단이 방북했을 때 포괄적인 사찰은커녕 5월 초 수준의 사찰조차 허락하지 않았다. 이에 따라 양자 사이에 갈등이 첨예해졌다. 갈등을 풀기 위한 협상이라면 으레 당근과 채찍을 겸하기 마련인지만 그렇지 않아도 신뢰성의 위기에 직면한 IAEA가 북한에 대한 요구를 완화하는 등의 당근은 제공할 수 없었다. 대신 안전조치의 계속성이 단절됐음을 선언하겠다는 것이 쓸 수 있는 채찍이었다. 그리하여 유엔 안보리의 주의를 환기하고 국제제재 국면을 불러옴으로써 북한을 궁지에 빠뜨릴 수 있다는 위협이었다. 그러나 그 선언은 한 번 하면 돌이킬 수 없고 시한을 정하고 물러나면 신뢰성을 더욱 떨어뜨릴 수 있는 위험이 있었다. 어쨌거나 채찍 일변도의 협상 구도는 조만간 위기를 초래할 수 있었다.

실제로 그랬다. IAEA는 9월 초 북한과 협상하면서 안전조치의 계속성을 담보할 시한을 9월 28일로 정했다. 파국을 막고자 미국이 개입하여 한편으로는 북한에 IAEA의 입장을 수용하라고 촉구하고, 다른 한편으로는 9월 23일로 예정된 IAEA 이사회의 대북성명서의 수위를 낮추라고 권고했다. 그러는 가운데 북한이 태도를 경화하고 9월 하순으로 정한 시한이 지나갔지만, 그 시한이 마차가 호박으로 변하는 신데렐라의 시한과 같은 것이 아니란 것이 드러났다. IAEA의 신뢰성은 더욱 타격을 입었다. 이후 북한과 IAEA는 10월 초 사찰 범위를 놓고 추가 협상하기로 했지만, 북한은 특유의 말꼬투리 잡기로 무산시켰다. 이로써 세 바퀴 중 하나가 작동을 멈췄다.[38]

나. 두 번째 바퀴: 남북대화

세발자전거의 두 번째 바퀴는 남북관계였다. 한국은 여전히 갈팡질팡하고 있었다. 북한이 핵을 포기하지 않으면 남북관계의 개선이 없다고 하다가, 핵 문제를 해결하기 위해 남북대화를 해야 한다고 했다. 늘 그렇듯이 한국 정부는 세 가지 압력에 직면해 있었다. 첫째는 북한의 과거 핵 활동이 규명되지 않은 상태에서 시간이 흐르면 북한 핵무기 프로그램이 진척되고 기정사실로 되는 치명적 위협이었다. 둘째는 이 치명적 문제를 '우리 손'으로 해결하지 못하고 미국에 '외주'를 주는 정치적 부담이었다. 셋째는 북미대화가 진전되어, 설사 핵 문제가 해결되더라도, 불가피하게 전개될 북미관계의 개선에 따른 정치적, 외교적 부담이었다. 남북관계의 개선이 없는 상태에서 북미관계의 개선은 '동맹'을 '적'에게 내어주는 것처럼 정서적 차원에서, 나아가 대북 억지력의 약화라는 현실적 차원에서 용납하기 어려웠다. 북한의 핵 문제가 해결되지 않은

---

38 앞의 책, 100-102쪽.

상태에서 북미관계가 개선되는 것은 최악이었다.

그래서 IAEA와 북한, 남북 사이 대화를 앞세우고, 그쪽에서의 의미 있는 진전을 제3단계 북미회담의 전제조건으로 한 제네바 제2단계 북미회담 결과에 내심 만족했다. 그렇다면 한국도 뭔가를 해야 했다. 그것을 위해 8월 초 청와대는 두 가지 대안을 마련했다. 첫째, IAEA-북한 사이에 진전이 있으면 그것과 맥을 같이 하여 남북핵통제공동위원회의 개최를 제안하기로 했다. 둘째, IAEA와의 회담에 진전이 없거나, 북한이 핵통제공동위원회 개최를 거부할 경우 5~6월에 논의되었던 남북정상회담을 위한 특사 교환을 새로 의제에 올리기로 했다. 8월 IAEA 사찰이 시작되자 첫째 안을 제안했지만, IAEA와 제대로 협력하지 않은 북한이 남북 핵회담을 수락할 리 없었다. 그래서 한국은 둘째 안에 따라 황인성 총리가 "양측 최고 지도자가 임명한" 특사 교환을 위한 준비회담을 제안했다. 이에 대해 북한은 남한이 팀스피릿 훈련을 중단하고 대북제재를 위한 국제적 노력에 동참하지 않겠다는 의지를 표명할 것을 조건으로 내세웠다.

IAEA와 북한의 대화가 실패하고 남북회담이 열리지 않자 9월 20일로 잠정 결정됐던 제3단계 북미회담은 열리지 않았다. 부담을 느낀 북한은 특사 교환을 위한 실무회담을 10월 5일에 열자고 제안했다. 그에 따라 김영삼 정부는 취임 8개월 만에 처음으로 남북대화의 장에 나섰다. 북한의 박영수와 남한의 송영대 통일원 차관을 수석대표로 한 남북대화는 10월 5일, 15일, 25일 3차례 열렸다. 11월 하순으로 예정된 김영삼 대통령의 방미를 염두에 둔 일정이었다. 당근이 없었던 IAEA와 달리 팀스피릿 훈련 중단이라는 당근이 있는 한국은, 그러나 그 당근을 사용하는 데 있어 미국의 관료적 저항에 부닥쳤다. 미 합참에서 반대한 것이었다. 이후 미국은 팀스피릿 훈련 중단을 북핵 문제의 해결을 위한 여러 조치에서 진전이 있으면 사용할 수 있는 카드로 활용하기로 했다. 팀스피릿 훈련 중단이라는 당근은 한국의 당근이라기보다 미국의 당근이었다.

남북대화의 차기 회담은 11월 4일 예정돼 있었다. 아울러 같은 날로 한미연례안보협의회가 열릴 예정이었다. 그 회의를 앞두고 한 기자회견에서 권영해 국방부 장관이 회의의 의제가 대북제재 이후 북한의 도발 가능성에 대한 대응을 논의하기 위한 것이라고 했다. 북한은 이 말을 빌미로 이틀 후로 예정된 회담을 취소했다. 이로써 세발자전거의 두 번째 바퀴도 작동을 멈췄다.[39]

다. 일괄 타결 또는 "철저하고 광범한 접근법"

세 개의 바퀴 중 두 개 멈추자 북미대화라는 바퀴만 남았다. 앞의 두 바퀴가 동력이 없거나 약한 뒷바퀴였다면 이 바퀴는 페달이 달린 앞바퀴였으므로 그로부터 타개책을 찾을 수 있을 것이었다. 실제로 미국은 쓸 수 있는 당근과 채찍이 많았다. 7월 제네바회담을 마친 갈루치 등 미국 협상팀은 8월 말의 휴가를 즐길 정도의 여유가 있었다. 그리고 9월 초 그달 20일로 예정된 제3단계 북미회담 준비에 착수했다. 그러나 IAEA-북한의 대화 축, 남북대화의 축이 답보를 거듭하면서 3단계 회담은 자연히 취소됐다. 이후 상황을 관리하기 위해 미

---

39 3월 12일 NPT 탈퇴 선언 이후 첨예한 위기 국면 끝에 어렵사리 얻어낸 두 차례 미북 합의, 즉 6월의 뉴욕 합의와 7월의 제네바 합의에도 불구하고 북한이 이것을 무산시킨 이유가 무엇일까? 당시 미국 측 협상담당자였던 갈루치는 7월 제네바 합의 이후의 국면이 IAEA에 가입하고 IAEA의 사찰 및 남북핵통제공동위원회 회담에서 궁지에 처했던, 그래서 NPT 탈퇴라는 강수를 써야만 했던 1992년의 국면을 상기시켰기 때문으로 추측한다. 앞의 책, 108~111쪽.

국은 직간접적으로 북한과의 협상에 나서지 않을 수 없었다. 직접적이라면 갈루치와 강석주가 주고받은 서한, 그리고 간접적인 것은 김일성 주석과 두 차례 만난 것으로 유명한 스티븐 솔라즈 의원의 후임으로 미 하원 동아태소위원회 위원장이 된 개리 애커먼(Gary Ackerman) 의원을 통한 통신이었다.

애커먼 의원은 솔라즈 전임 위원장의 전례를 따라 한반도 정세를 알고 그에 일정한 역할을 하고자 했다. 그렇게 추진했던 방북이 하필 북핵 문제를 둘러싼 상황이 악화 일로를 걷던 10월 9~12일로 잡혔다. 9개월 후 있을 지미 카터 전임 대통령의 방북에 비하면 특별한 일은 없었다. 김일성 주석을 만날 수 있었고 그의 건강을 둘러싼 온갖 추측과 달리 건강하고 활력적인 것을 확인한 것이 성과라면 성과였다. 김 주석은 핵무기를 개발할 능력도 의지도 필요도 없다는 소위 '3무 원칙'을 재확인했고 그것이 세계 언론에 방영됐다. 특별한 일은 한국과 한국말을 안다는 이유로 애커먼 의원을 수행한 국무부의 케니스 퀴노네스에게 있었다. 6월 뉴욕회담에서 큰 역할을 했던 그에게 북한 측이 손으로 쓴 문서를 주며 워싱턴에 전달해달라고 한 것이었다.

사실, 그로부터 달포 전 9월, 갈루치 차관보가 한국을 방문하고 그에 맞추어 한완상, 한승주 두 한 장관이 새롭고 획기적인 안을 마련했다. 북한 핵 문제라는 안보 문제와 그 핵 문제를 초래한 북한의 안보 불안을 동시에 해결하자는 소위 '패키지 딜(package deal)' 곧 일괄 타결이었다. 이 안은 산적한 문제를 하나씩 풀어가는 단계적 접근이 비효율적이라는 것을 인식한 전략적 고려와 북한 핵 문제 해결을 앞세우는 보수진영과 남북관계 개선을 앞세우는 진보진영을 동시에 만족시킨다는 정치적 고려를 모두 반영한 것이었다. 미국은 그 안을 물밑에서 북한에 제안하고 반응을 떠보았다. 그에 대해 북한은 그 전 단계로서

IAEA의 포괄적 사찰을 받는 대신 팀스피릿 훈련의 중단, 경수로 지원에 대한 진지한 협의 및 일부 경제제재 조치의 해제 등을 교환하는 소형 패키지를 역제안했다.[40]

퀴노네스가 받은 쪽지는 바로 그 소형 패키지에 관한 것이었다. (1) 북한은 NPT에 잔류하며, (2) IAEA의 정기사찰에 응하고, (3) 특별사찰 문제에 대해 IAEA와 협상에 응한다. 그 대신 미국은 (1) 팀스피릿 훈련을 영구히 중단하고, (2) 대북 경제제재를 해제하며, (3) 더 폭넓은 문제를 논의하기 위해 제3단계 북미회담을 시작한다. 북한 측은 손으로 쓴 그 제안이 최고 지도부, 즉 김일성과 김정일의 재가를 받은 것이라고 강조했다.[41]

10월 중순, 갈루치는 꼭 같은 것은 아니지만 전체적으로 같은 맥락이라고 할 수 있는 새로운 접근법, 즉 요구할 건 요구하고 줄 건 주되 그 폭을 넓히자는 요지의 접근법을 마련하여 고위급의 재가를 요청했다. 필요하면 미북 사이 국교 수립까지 협상할 수 있다는 내용을 포함한 그 안은 부수장 위원회(Deputies Committee)를 거쳐 수장 위원회(Principals Committee)의 재가를 기다리게 되었다. 한국의 관계 장관회의도 그 안에 동의했다. 이후 그에 기초하여 북한과 접촉을 시도했다. 허바드, 세이모어, 퀴노네스 등이 뉴욕으로 출근하다시피 하며 허종, 리용호 등과 협상했다.

협상이 계속되면서 패키지는 복잡해지고 협상은 어려워졌다. 서로 줄 것은 미루고 받을 것은 앞당기려고 했기 때문이다. 당시 판문점에서 진행 중이던 남

---

40 앞의 책, 112-113쪽.
41 Oberdorfer, *The Two Koreas*, p. 293.

북 특사교환 실무회담과 연계되어 진전은 더욱 어려워졌다. 당근이 판 위에 오른 이상 타결을 위해서는 채찍을 고려해야 했다. 미국은 IAEA가 카드로 내세운 안전조치의 연속성, 그에 따른 제재 국면의 전개, 제재 국면이 전개되면 고조될 수 있는 군사적 위기에 대한 대비 등을 고려했다. 그러면서 지도층의 언사가 군사적 색채를 띠기 시작했다. 한미연례안보협의회를 앞두고 한 권영해 국방부 장관의 발언이 그 하나였다. 레스 애스핀 미국 국방부 장관은 제재를 지지했다가 그 효과를 의심하는 발언을 하기도 했다. 국방부 장관이 제재가 필요하다고 했다가 그 효과를 의심하면 이는 곧 군사적 조치를 암시하는 것이었다.

그러나 당시에는 뾰족한 수가 없었다. 클린턴 행정부는 군사력을 협박하고 사용하는 외교, 곧 '강압 외교'(coercive diplomacy)를 구사할 준비가 전혀 돼 있지 않았다.[42] 11월 15일 클린턴 행정부의 외교안보 관련 부처의 수장들로 구성되고 안보보좌관 앤서니 레이크가 주재하는 수장 위원회는 달포 전 부수장 위원회가 올린 일괄 타결안을 승인했다. 동시에 군사적 대안에 대한 검토도 지시했다. 그런데 김영삼 대통령이 크게 분노했다. 김 대통령은 전쟁의 위험이 있는 조기 제재에는 부정적이었지만, 그렇더라도 북한에 지나치게 많은 것을 양보하는 것도 내키지 않았다. 그러던 중 한완상 부총리, 김덕 안기부장 등이 국회에서 일괄 타결안을 지지한다고 발언했다가 보도를 부인하는 소동이

---

42 클린턴 행정부에 1993년 10월은 "검은 10월"이라고 불린 정도로 외교적, 군사적 실패가 잦았다. 강압 외교의 개념과 사례에 대해서는 Alexander George, *Forceful Persuasion: Coercive Diplomacy as an Alternative to War* (Washington, DC: USIP, 1991); 김태현, "억지의 실패와 강압외교: 쿠바의 미사일과 북한의 핵," 『한국국제정치학회보』 제52집 1호 (2012) 참조.

벌어졌다. 달포 전 필생의 정적 김대중 전 대통령 후보가 미국 언론과의 인터뷰에서 포괄적 해법을 제안한 적도 있었다. 수장 위원회의 결정이 한국 정부에 통보되기 전 언론에 유출됨으로써 일은 걷잡을 수 없게 됐다.[43] 한국의 언론은 이 기사를 인용하여 미국이 한국과 상의하지도 않고 팀스피릿 훈련을 중단하고 북한과의 외교관계를 수립하는 쪽으로 정책을 바꾸었다고 보도했다.

그러던 중 마침내 김 대통령이 고대하던 미국 방문이 시작됐다. 김 대통령은 7월 한국을 방문하여 함께 조깅한 개혁적 성향의 젊은 클린턴 대통령을 좋아했다. 김 대통령은 정상회의로 격상되어 워싱턴주 시애틀에서 열린 아시아태평양경제협력체, 즉 APEC의 제1차 정상회의에 참석한 후 워싱턴 DC로 이동하여 11월 23일 클린턴 대통령과 정상회담을 하기로 돼 있었다. 정상회담을 앞두고 김 대통령이 묵고 있던 영빈관 블레어하우스에서 대책회의가 열렸다. 한승주 장관으로서는 뜻밖에 유종하 주유엔 대사가 와 있었다. 먼저 한승주 외무장관이 '일괄 타결'안을 설명했다. 조직상 한 장관의 부하지만 학교와 나이로 선배인 유 대사는 북한에 대한 강경 대응을 주장했다. 북한은 일괄 타결을 해도 선별 이행하는 데 이력이 난 나라이니 팀스피릿 훈련 중지와 같은 큰 당근은 북한이 핵사찰이나 특사 교환 등을 이행한 뒤에 발표해야 한다고 주장했다. 박관용 비서실장도 유 대사의 주장을 지지했다. 통상적으로 미리 합의된 사안을 확인하는 정상회담을 앞두고 정부 내부에 이견이 생긴 것이었다.[44]

정상회담은 보좌관과 기록자, 통역만 대동한 단독회담 이후 여러 부처의 장

43 R. Jeffrey Smith, "U.S. Weights North Korean Incentives," *Washington Post*, Nov. 16, 1993.
44 위트 외, 『북핵 위기의 전말』, 134-135쪽.

관이 배석하는 확대회담이 이어지는 순서였다. 그런데 의전상 착오로 미국 측은 앤서니 레이크 안보보좌관 외에 알 고어 부통령과 워런 크리스토퍼 국무장관도 참석했다. 그 앞에서 김 대통령은 정종욱 외교안보수석, 박진 통역관, 기록을 맡은 장재룡 북미국장만을 대동한 채 대단한 활극을 펼쳤다.

김 대통령은 클린턴 대통령의 환영 인사가 끝나자마자 일괄 타결에 대한 본인의 생각을 밝혔다. 다음과 같은 요지였다.

"북한은 합의할 때는 포괄적으로 하지만 나중에 이행할 때가 되면 자신에게 유리한 것만 골라서 선별적으로 한다. 그래서 일괄 타결은 북한의 전략에 말려 들어갈 가능성이 크다. 그게 우리가 경험한 북한의 협상 방식이다. 북한은 우리가 제일 잘 안다. 한국 내에서도 그런 걱정을 하는 사람들이 많다."[45]

그러면서 팀스피릿 훈련이 얼마나 중요한 카드인지를 길게 설명하고 그것을 양보하려면 남북한 사이에 특사 교환 – 합의가 아니라 – 이 이루어진 다음이어야 하며, 결정이야 한미 양국이 협의해서 하지만 그 발표는 한국 측이 해야 한다고 주장했다.[46] 클린턴 대통령은 놀랐지만 경청했다. 문제는 이미 준비된 언론 발표문에 양 정상이 '일괄 타결' 방식으로 문제를 해결해 나가기로 합의했다는 내용이 들어가 있다는 점이었다. 클린턴이 대안이 뭐냐고 물었지만 김 대통령은 답할 상황이 아니어서 분위기가 어색해졌다. 정종욱 수석이 일

---

45 정종욱, 『정종욱 외교비록』, 59쪽.
46 앞의 책, 60쪽. 참고로, 오버도퍼는 김 대통령이 팀스피릿 훈련의 중단 여부에 대한 최종 결정권도 자신에게 있다고 말한 것으로 썼다. Overdorfer, *The Two Koreas*, p. 296.

단 보좌관들이 아이디어를 찾아보겠다고 해서 난처한 국면을 넘겼다. 두 대통령이 일정이 지체된 확대회담장으로 이동한 후 정종욱 수석과 레이크 보좌관이 남아 머리를 짰다. 레이크 보좌관이 뭐가 문제냐고 묻자, 정 수석은 내용보다 표현이 더 문제라고 했다. 미국과 북한이 일괄 타결하면 결과적으로 한국이 '일괄 배제' 내지 '일괄 무시'된다는 느낌을 준다는 뜻이라고 설명했다. 그래서 정 수석은 북한의 핵 활동을 철저히 해결한다는 뜻으로 thorough라는 단어를 제안하고 레이크 보좌관은 포괄적(comprehensive)이라는 뜻을 살리되 단어가 다른 broad라는 단어를 제안했다. 그래서 나온 단어가 '철저하고 광범한 접근법'(a through and broach approach)이었다.[47]

회담이 끝나고 김영삼 대통령은 측근에게 "원하는 것을 얻었다"라고 했지만, 허종과 함께 그 안을 다듬느라 고생한 토마스 허바드는 크게 분개했다. 그리고 이 접근은 실패할 수밖에 없다고 단언했다.[48] 어쨌거나 김 대통령의 활약은 국내 언론에 대서특필되었다. 이는 곧 김 대통령이 북핵 문제에 더 적극적이고 직접적인 관여를 하겠다는 뜻이었고 그에 따라 외교안보 분야에 인사가 있었다. 우선 보수적인 여론을 주도하던 이동복 안기부장 특보가 이전 제8차 고위급회담에서 훈령 조작을 통해 이산가족 상봉 합의를 무산시켰다는 의혹이 제기됨에 따라 사임했다. 한 달 뒤에는 보수파 비난의 표적이었던 한완상 통일부총리가 경질되고 보수적인 시각을 가진 이영덕 명지대 총장이 선임되었다. 워싱턴 정상회담 단독회담에서 배제되었던 한승주 외무부 장관은 살아

47   정종욱, 『정종욱 외교비록』, 64-65쪽.
48   위트 외, 『북핵 위기의 전말』, 136쪽.

남았다. 그러나 그의 앞길은 험난할 것이었다. 실제로 정부는 대북정책조정위원회라는 조직을 신설하고 비서실장을 위원에 포함했다. 정무적 고려가 대북정책에 반영되도록 하는 조치였다. 외무부가 설 땅은 그만큼 좁아지고 부담은 커졌다.

한미정상회담이 끝난 다음날 열린 미북 뉴욕 접촉에서 허종은 허바드에게 이렇게 물었다.

"도대체 '포괄적' 접근과 '철저하고 광범위한' 접근법의 차이가 뭐요?"

허바드는 한국 언론의 오해를 풀기 위해 표현을 바꾼 것뿐이라고 설명했다. 그러나 사실 그 전날 레이크 보좌관과 정종욱 수석은 늦게까지 문안을 주고받으며 내용을 다듬었다. 그리고 팀스피릿 훈련은 북한의 특사가 서울을 방문하여 '진지한'(serious) 협의가 이뤄진 다음에 중단하기로 했다. 그 내용을 전해 들은 허종은 크게 실망한 듯 보였다.[49]

이후 12월 3일 북한은 IAEA가 요구하는 모든 사찰을 허용하겠으며, 남북대화의 경우 특사 교환을 위한 예비회담이 개시되면 팀스피릿 훈련의 중단을 발표하라는 수정안을 제시했다. 특사 교환이 아니고 합의도 아니라 예비회담의 개시이니 여전히 한 발을 뺀 상태였다. 그런데 시간이 급했다. 한스 블릭스 IAEA 사무총장은 사찰관의 접근이 오래 차단되어 안전조치의 계속성을 담보할 수 없게 된 북한의 핵시설에 그 계속성을 복구하려면 필요한 사찰의 범위

49 앞의 책, 139쪽.

가 더욱 커질 수 있다는 협박성 우려를 표명하고 있었다. 12월 6일 미국은 수장 위원회를 열고 북한의 제안을 조정하여 실무회담에서 특사 교환이 합의되면 팀스피릿 훈련의 중단을 발표하는 안을 마련했다. 한국이 요구하는 특사의 서울 방문보다는 이르지만, 북한이 주장한 예비회담의 개시보다는 늦은 시점이었다. 이 안을 설득하기 위해 클린턴 대통령이 직접 김영삼 대통령에 전화했다. 한국은 클린턴 대통령의 성의를 봐서 양보하기로 했다.[50]

이를 기초로 미국과 북한은 뉴욕 채널을 통한 협상 끝에 12월 29일 수요일 네 가지 조치를 동시에 취하기로 하는 합의에 도달했다. (1) 9월 8일자 IAEA 서한에 기재된 7개 시설에 대한 사찰을 시작한다; (2) 같은 날 남과 북은 특사 교환을 위한 실무회담을 시작한다; (3) 한국이 팀스피릿 훈련의 중단을 발표한다; (4) 미국과 북한은 제3단계 북미회담의 일정을 발표한다. 그날이 언제인지가 합의되지 않았기에 미진하기 짝이 없었지만, 또 그날이 화요일이 될지도 몰랐지만, 미국 측 협상가들은 미국의 15개 주에서 동시에 대통령 후보 예비선거가 열리는 3월 첫 번째 화요일에 빗대어 '슈퍼 화요일'이라고 불렀다. 그 슈퍼 화요일이 언제일 것인가?

---

50 앞의 책, 141쪽.

Ⅳ. 위기의 심화, 1994년 1월~1994년 5월

1. "슈퍼 화요일"

1994년 새해를 맞이하면서 향후 반년 안에 닥쳐올 위기를 예견하는 이는 많지 않았다. 특히 사흘 전 어려운 협상 끝에 '슈퍼 화요일' 합의를 이끌어 낸 미국 협상팀의 분위기는 좋았다. 북한의 반응도 나름대로 좋았다. 반(半) 은퇴 상태에 있다가 일선에 복귀하여 열정적으로 경제를 챙기던 김일성도 신년사에서 북미회담에 대해 긍정적으로 평가했다. 미국과의 관계 개선 없이 경제 회생이 불가능하다는 인식을 반영한 것으로 보였다.[51] 그러나 섣부른 낙관은 금물이었다. 북한은 신년사에서 남한 정부에 대해서는 심한 비난을 퍼부은 것이었다. 한미 사이를 이간하기 위한 것인지 아니면 북미 관계 개선을 방해하는 데 대한 불만 때문인지 몰라도 좋은 징조는 아니었다. 12월 29일의 합의로 미국이 독자적인 방향성을 가지고 표류하던 세발자전거의 두 바퀴 방향을 바로 돌려놓았으나 그것이 언제 다시 표류할지도 몰랐다. 그리고 더 큰 그림에서 볼 때, 탈냉전 시대 처음으로, 그것도 동북아 및 한반도와 같이 첨예한 지역에서

---

51 Oberdorfer, *The Two Koreas*, pp. 297-298.

부상한 핵확산 문제는 냉전 시대에 누적된 온갖 폭발적 잠재성의 물꼬를 틀 수도 있었다. 이후 전개된 일은 과연 그랬다.

1월 4일 허종은 IAEA와 대화할 준비가 돼 있다고 통보했고 그에 따라 빈에서 양자 사이에 실무 접촉이 시작됐다. 그런데 IAEA의 디미트리 페리코스와 북한의 윤호진 참사관 사이에 진행된 실무 접촉은 순조롭지 않았다. 북한의 태도는 9월과 달라진 바가 없었다. 반면 IAEA는 감시장비의 작동이 오래 중단되었기 때문에 사찰의 범위가 더 커졌다고 주장했다. 자연히 충돌이 생겼다. 윤호진은 이견은 모두 나중에 평양에 가서 협의하자고 주장했다. 그러나 지난 8월 평양을 방문했다가 당했던 수모를 기억하는, 그리고 특히 IAEA의 위상과 신뢰성 회복에 누구보다 강한 신념을 가진 페리코스는 수용하지 않았다. 북한 측은 IAEA가 9월에 요구했던 시설에 대한 사찰은 수용하는 듯했지만, 감시장치의 작동이 중단된 동안 핵 활동을 확인할 수 있는 시료 채취나 감마매핑과 같은 조치를 거부했다. 그렇게 하여 잠시 굴러가는 듯하던 바퀴 하나가 또 멈추었다. 특사 교환을 위한 실무회담은 빈에서의 합의에 연계돼 있었기 때문에 남북대화는 시작도 하지 못했다. 그래서 자전거는 다시 전진을 멈추었다. 결국, 북미회담이라는 앞바퀴가 추동력을 발휘해야 할 것이었지만, 한반도 냉전의 폭발적 잠재성은 독자적인 동력으로 움직이기 시작했다.

클린턴 행정부의 외교적 실패를 상징하는 '검은 10월', 즉 1993년 10월 중 북핵 문제를 둘러싼 움직임은 정체돼 있었다. 그 무렵 북핵 문제에 대한 포괄적 해법을 고려하던 클린턴 행정부는, 검은 10월의 교훈과 더불어, 외교적 목적으로 군사력을 사용할 준비가 돼 있지 않다는 것을 깨달았다. 그에 대한 재검토 명령이 떨어졌고, 행정부 각 부처와 조직은 그에 따라 움직였다. 그 조직

중에 육군 대장 개리 럭(Gary Luck) 장군을 사령관으로 한 주한미군도 있었다. 럭 장군은 10월 한반도 긴장이 고조될 때 주한미군의 군사적 태세가 북한에 대한 강압 외교에 준비가 돼 있지 않다는 것을 깨달았다. 3만 7천 명에 달하는 주한미군이 북한 스커드 미사일의 공격에 노출돼 있던 것이었다. 그리고 유사시 미군의 증원 경로인 항만이나 공항도 미사일 공격에 취약했다. 그래서 럭 사령관은 1993년 12월 한국을 방문한 합참의장과 면담한 이후 1990~1991년 걸프전에서 위세를 떨친 패트리엇 미사일의 한국 배치를 요청했다. 원래 주한미군에는 2년 후에야 패트리엇 미사일이 배치될 예정이었지만, 마침 소련이 붕괴하는 등 유럽 전선의 상황이 변하면서 미사일 운용계획에 여유가 생겼다. 12월 하순 미국국방부는 럭 장군의 요청을 승인했고 대통령의 재가를 기다리고 있었다.

클린턴 대통령의 안보팀이 볼 때 패트리엇 미사일 배치는 간단한 문제가 아니었다. 군사적인 논리야 분명하더라도 외교적으로 북한과 한국에 의도하지 않은 신호로 작용할 수 있었기 때문이었다. 럭 장군이 볼 때 패트리엇 미사일은 주한미군을 북한의 스커드 미사일 공격에서 보호하는, 전적으로 방어적인 조치였다. 그러나 북한이 볼 때 유사시 미군의 증원을 지원하기 위한, 결과적으로 공격적 조치일 수도 있었다. 또 한국이 볼 때는 핵 문제와 남북관계 모두에서 민감한 와중에 불필요한 긴장을 초래하는 뜬금없는 조치였다.

그래서 백악관은 일단 이 사안을 미루어 두려고 했다. 그런데 뉴욕타임스의 군사담당 기자 마이클 고든이 취재차 한국에 왔다가 주한미군이 패트리엇 미사일 배치를 요청했는데 백악관에서 승인하지 않는다는 사실을 발견하고 기사화하려고 했다. 그렇지 않아도 군사적으로 무능하다는 비판에 시달려 온 백악관은 서둘러 의회에 브리핑하고 고든 기자가 특종 보도를 하도록 했다.[52] 그로 인해 한바탕 난리가 났다. 각국의 언론이 대서특필하면서 한반도에 군사적 위기가 조성된 듯한 느낌을 준 것이었다. 또 그처럼 엄중한 결정에 한국이 배제된 듯한 인상도 주었다. 한국은 북한이 그것을 빌미로 특사 교환을 거부할까 봐 걱정했다.

과연 그 사건은 한반도 냉전 구도와 어울려 군사적 긴장을 고조시키고 외교적 타협을 어렵게 했다. 뉴욕타임스 보도가 있은 다음날 유명한 복음 전도사 빌리 그레이엄이 베이징을 거쳐 평양에 갔다. 그 일행이 도착했을 때 공항에는 대공화기가 배치되고 병력이 동원되어 영하의 날씨에 참호를 파고 있었다. 실로 그해 북한의 동계 군사훈련은 예년보다 큰 규모로 전개되어 미국 중앙정보부(CIA)의 국가정보위원회(NIC)가 북한의 적대적 행위가 임박했다는 뜻의 '전쟁경보'(warning of war)를 발령해야 할지 고민해야 할 지경에 이르렀다.[53] 그레이엄 목사는 1992년에도 평양을 방문하고 김일성 주석을 만나 당시 부시 대통령의 메시지를 전달한 적이 있었다. 이번에도 클린턴 대통령의 메시지를 가지고 갔는데, 핵 문제의 해결에 진전이 있으면 북한이 미북관계의 진전을 기대할 수 있다는 짧고 무뚝뚝한 내용이었다. 그레이엄 목사는 그 메시지를 윤문하여 자신의 서한에 포함하고 핵 문제가 잘 해결될 경우 미북 정상회담까지 기대할 수 있다는 개인적 의견을 보탰다. 김일성은 있지도 않은 핵이 문제가 된 것은 IAEA의 과도한 요구 때문이라고 강변하면서도 목사가 양국 사이 정상회

---

52 Michael Gordon, "U.S. Said to Plan Patriot Missiles for South Korea," *New York Times*, January 26, 1994.

53 위트 외, 『북핵 위기의 전말』, 153-158쪽.

담을 위해 다리를 놓아달라고 요청했다.

그레이엄 목사가 김 주석을 만나 핵 문제에 대한 주의를 환기한 것이 주효했는지, 아니면 패트리엇 배치를 둘러싸고 조성된 군사적 위협이 통했는지, 2월 12일 강석주 부부장이 갈루치 차관보에게 서한을 보내 왔다. 김 주석이 핵 문제를 외교로 해결하라는 지시를 했다며 (사실과 달리) IAEA가 양보했으므로 다시 대화를 시작하겠다는 내용이었다. 같은 날 북한 외교부도 성명을 발표해 IAEA와의 대치를 끝내겠다는 의지를 표명했다. 그리고 2월 15일 윤호진 참사관이 IAEA 본부를 방문해 IAEA의 사찰 요구를 모두 수용하겠다고 했다. 그런데 다음날 윤호진은 다시 입장을 번복하여 제3단계 북미회담 일정을 정하고 2월로 예정된 IAEA 이사회에서 북한 문제를 제외할 것을 조건으로 내세웠다. 남북 특사 교환에 대해서는 12월 29일의 합의를 상기했을 뿐 날짜를 밝히지 않았다. 한국 정부는 여전히 제3단계 북미회담 이전에 특사 교환이 실현돼야 한다는 태도를 굽히지 않았다. 특사 교환은 마치 그 내용이 아니라 성사 자체가 정치적 목표가 된 듯했다.[54]

2월 하순에는 IAEA 정기 이사회가 예정돼 있었다. 그때 블릭스 사무총장이 안전조치의 계속성이 단절됐다고 선언하고, 이사회가 북핵 문제를 안보리에 회부하기로 결의하면 모든 외교적 노력이 무산될 수 있었다. 그래서 그것이 협상의 일정표처럼 됐다. 미국은 그 일정을 조정하면서까지 북한과 협상에 나서, 2월 25일 마침내 허바드-허종의 뉴욕회담에서 새로운 '슈퍼 화요일' 즉 IAEA 사찰, 남북 특사 교환 논의, 팀스피릿 훈련 중단 및 미북 3단계 회담 일정 발표

---

54 앞의 책, 167쪽.

로 구성된 작은 규모의 일괄 타결안에 합의했다. 슈퍼 화요일은 과연 화요일인 3월 1일로 정해졌다. 그날 IAEA의 사찰단이 평양에 도착했다. 한국도 특사 교환을 위한 실무회담의 준비가 완료됐다고 했으나 북한이 실무회담에 응하지 않아 슈퍼 화요일은 목요일인 3월 3일로 지연됐다. 제3단계 북미회담은 3월 21일로 잠정 정해졌다.

2. 불바다

3월 11일 갈루치 차관보가 제3단계 북미회담을 의논하기 위해 한국을 방문했다. 그때 갈루치는 미국의 역할을 IAEA-북한 대화, 남북대화라는 두 개의 바지선을 끌고 가는 예인선에 비유했다.[55] 앞에서 든 세발자전거의 비유를 빌면 페달이 달린 세발자전거의 앞바퀴였다. 그러나 나머지 두 바퀴는 여전히 구르지 않았다. 평양에서 북한은 IAEA의 사찰 활동을 방해했다. IAEA 사찰단은 북한의 방해가 남북회담에 압력을 행사하기 위한 것이라고 봤다. 토마스 허바드도 두 가지 바퀴가 연결돼 있다는 것을 인정했다.[56] 과연 남북 실무회담에서 북한 대표 박영수는 기왕에 요구하던 핵 군사훈련의 중단과 국제제재에 대한 불참에 더해 패트리엇 미사일 배치계획을 취소하고 핵무기를 가진 상대와는 악수하지 않겠다는 김영삼 대통령 발언을 취소하라는 새로운 요구사항을 내

---

55 앞의 책, 175쪽.
56 Oberdorfer, *The Two Koreas*, p. 303.

세웠다. 그래도 3월 12일 갈루치가 청와대를 방문했을 때 김 대통령은 시간은 북한 편이 아니라 우리 편이라며 낙관했다.[57] 갈루치가 보기엔 그렇지 않았다.

3월 14일, IAEA는 더는 조직의 위상과 신뢰성이 손상되는 것을 감당할 수 없다고 판단하고 사찰단을 철수했다. 그리고 그것을 논의하기 위해 3월 21일 특별이사회를 소집했다. 3월 16일에 재개된 남북회담은 이렇다 할 진전을 보지 못했다. 그리고 사흘 후 3월 19일 재개된 회담에서 북한 대표 박영수는 국제사회의 제재 움직임을 비난하고 그것은 곧 전쟁 선언이라고 하면서 이렇게 말했다.

"여기서 서울이 멀지 않습니다. 전쟁이 일어나면 불바다가 되고 말아요. 송 선생도 아마 살아나기 어려울게요."

이 장면이 저녁 TV 뉴스로 공개되면서 여론이 분기되고 한반도 정세는 급격히 위기 국면으로 접어들었다. 정부는 국가안전 보장회의를 열고 미루어왔던 패트리엇 미사일의 배치를 승인했다. 그리고 3월 23일 김 대통령은 클린턴 대통령에 서한을 보내 패트리엇 미사일을 배치하고 팀스피릿 훈련을 재개하고 북한에 대한 국제적 압력을 강화해 나가자고 제안했다. 4월 18일 패트리엇 미사일 1차 선적분이 한국에 도착했다. 김영삼 정부는 동포로서 북한과의 관계 개선에 대한 기대를 접고 적으로서 북한에 대한 적대감을 강조하기로 한 것이었다.

---

57 위트 외, 『북핵 위기의 전말』, 178쪽.

한국 정부가 이처럼 강경하게 선회한 이유는 무엇인가? 요컨대 남북관계에 관한 한 북핵 문제를 둘러싼 모든 일은 남북한 사이의 경쟁과 적대관계에 종속되었다. 북한은 이 위기를 한국의 입지를 약화하고, 한미관계를 이간하고 미국과 대등한 위치로 올라서는 데 이용하고자 했다. 한국은 북한의 그런 책동을 제어하고 북한을 고립시키는 기회로 활용하고자 했다. 따지고 보면 그런 생각은 한-소, 한-중관계의 개선과 대응하여 북-미와 북-일관계의 개선, 즉 4강에 의한 남북한 교차 승인을 유도하고, 그로써 북한이 국제사회의 정상적 일원으로 등장하는 것을 지원한다는 노태우 정부의 북방정책과는 정반대의 노선이었다. 그리고 문민정부로서 노태우 정부보다 더욱 획기적인 대북 포용정책, 차기 정부의 김대중 정부에서 '햇볕정책'이라고 부른 것에 비견할 정책을 기획했던 집권 초기의 계획을 완전히 포기한 것이나 마찬가지였다. 남북관계는 그처럼 복잡하고 포용정책의 기초는 박약했다.

3. 궁지에 몰리다 벼랑으로 달려가다

북한에 놀림을 당했다고 생각한 IAEA는 3월 21일 특별이사회를 소집했다. 북한의 조약 위반을 규탄하고 문제를 유엔 안보리에 회부하기 위해서였다. 미국은 진즉 IAEA의 행동을 염두에 두고 그에 대한 대비책도 마련해두었다. 즉, 결의안의 내용에 북한에 시한을 주고 사찰의 수락을 촉구하자는 것이었다. 그런데, 비확산 문제에 항상 협조하던 프랑스가 반발하여 공동제안국의 명단에서 빠지겠다고 했다. 내용이 충분히 강경하지 않다는 이유에서였다. 이처럼 북한은 국제사회에서 입지가 갈수록 약해지고 있었다. 심지어 늘 반대하던 중국이 반대하지 않고 기권했는데, 이것은 향후 이 문제가 안보리에서 논의할 경우 중국의 입장을 점칠 수 있는 하나의 시금석이 됐다.[58] 이 IAEA 이사회 결의에 따라 안보리의 논의가 시작됐다. 안보리는 북한에 2월 25일자 합의에 따른 사찰을 수용할 것을 촉구하고, IAEA 사무총장에게 그 결과를 보고할 것을 요구하는 내용을 논의했다. 단, 여기서는 거부권을 가진 중국의 입장을 배려하여 결의가 아닌 의장성명을, 대신 만장일치로 채택했다. 앞으로 상황이 개선되지 않으면 중국은 갈수록 난처한 지경에 처할 것이었다. 3월 31일의 일이었다.

미국의 협상팀은 외교의 문이 닫히지 않았다고 판단 또는 희망했다. 대북 외교팀을 정비하고 새로운 슈퍼 화요일을 시도했다. 뜻밖에 한국 측이 그 일을 도와줬다. 제3단계 북미회담의 전제조건으로서 특사 교환을 주장하지 않기로 한 것이다. 그런데 그 때문에 고생했던 미국의 처지에서 반드시 반가운 일은 아니었다. 자칫 북한에 대한 협상력이 약해질 수 있거니와 한미관계에 불협화음이 있다는 오해를 받을 수도 있었기 때문이다. 한국의 결정은 북한과의 대화에 더는 연연하지 않겠다는 내부적 결의의 표현으로 보일 수도 있었으나 사실은 그게 아니었다. 군사적 긴장을 견디지 못한 정부가 북미대화를 통해 그 긴장을 해결하기를 바라는 마음에서 지금까지 북미회담의 장애물로 작용했던 특사 교환이라는 선결 조건을 철회한 것이었다.[59] 그리고 그 결정이 미국과 무

---

58 앞의 책, 188-190쪽; 이시영, 298쪽.

59 이 또한 적자이자 동포이자 경쟁자인 북한의 복합적 정체성에 따른 정부 내부 관료정치의 결과였다. 정종욱 당시 외교안보수석의 기록에 따르면 4월 3일 홍순영 외무차관이 이를 주장하고 정책 혼선에 대한 언론의 비판이 있자 김영삼 대통령은 4월 7일 열린 안보장관 회의에서 조율되지 않은 언론 보도에 대해 강력 경고했다. 그러나 이 결정은 4월 14일 공식화됐다. 정

관하게 스스로 결정한 것임을 과시하기 위해, 바로 그 문제를 논의하러 오는 갈루치 차관보의 방한에 앞서 언론에 흘려 기정사실로 만들었다. 4월 14일의 일이었다.

다음날, 4월 15일은 김일성 주석의 82회 생일이었다. CNN을 비롯한 취재팀이 초청을 받고 평양에 갔다. 김 주석은 쏟아지는 외신의 질문에 대해 북한은 핵무기를 개발할 필요도, 능력도, 의지도 없다는 예의 주장을 되풀이했다. 그런데 4일 후 4월 19일 강석주 부부장이 갈루치 차관보에 서한을 보내 선전포고에 가까운 폭탄선언을 했다. 문제의 핵심인 5MW 원자로의 연료봉을 교체하겠다고 한 것이다. 그 이유는 일단 정치적이었다. 즉, 북한이 고대하던 경수로 지원이 요원하니 미리 있는 5MW 원자로를 제대로 가동해야 하겠다는 주장이었다. 또 연료봉의 핵붕괴가 시작됐다는 기술적 이유를 제시했다. 결과적으로 이것은 1년여 전, NPT를 탈퇴하겠다고 한 선언에 버금가는 '신의 한 수'였다. 그리고 그만큼 치명적인 위험을 내포하고 있었다.

국제사회와 벼랑 끝에서 대결하면서 북한이 가진 협상력은 첫째, 북한이 과거에 원자로를 가동하고 그로부터 일정량의 무기급 플루토늄을 추출했을 수 있다는 불확실한 사실과 둘째, 그렇게 추출한 플루토늄의 양을 정확히 모른다는 사실에서 기인했다. 첫째 문제, 즉 플루토늄 추출 여부의 사실 확인을 위한 특별사찰 여부를 놓고 IAEA와 씨름을 벌임으로써 IAEA의 신뢰성과 비확산체제의 안정성을 우려하는 미국에 대해 협상력을 확보한 것이었다.

둘째 문제는 미국 정보통에서 보수적이고 비관적 분석을 통해 북한이 이미

종욱, 『정종욱 외교비록』, 280쪽.

한두개의 핵탄두를 만들 수 있는 양의 플루토늄을 확보하고, 심지어 그로부터 핵탄두를 제조했을지도 모른다고 전망함으로써 IAEA의 신뢰성과 비확산체제의 안정성을 넘는 중대한 안보 문제로 부상하고 있었다.[60] 즉, 북한은 그 핵무기로 동맹인 한국과 주한미군을 직접 위협할 수 있을뿐더러 민감한 동북아지역에 핵무장 도미노를 초래함으로써 중대한 국제안보 현안이 될 수 있었다. 그런 만큼 북한의 시각에서는 그 불확실성을 유지하는 것이 중요했다. 재처리 사실이 없다고 밝혀지면 그것이 주는 협상력이 사라지고, 최초 보고서에서 거짓을 보고한 것으로 밝혀지면 북한이라는 나라의 체면을 구기고, 나아가 "핵무장의 의도, 능력, 필요가 없다"라고 강변한 '위대한 수령'을 망신시키는 것이었다. 따라서 북한은 그 불확실성을 해소할 특별사찰에는 절대 응할 수 없는 처지였고 북한은 그것을 압박하는 IAEA와 유엔을 비롯한 국제사회와의 관계에서 헤어나기 어려운 궁지에 처해 있었다.

그런데 연료봉을 교체하면, 즉 원자로에 장착된 연료봉을 인출하고 새로운 연료봉을 장착하면 이 두 가지 문제를 더욱 복잡하게 만들 수 있었다. 첫째, 장착되어 있는, 그리고 곧 인출하겠다는 연료봉에는 북한의 과거 활동에 관한 정보가 담겨 있었다. IAEA는 그 연료봉의 특정 부분을 과학적으로 분석하면 북한의 과거 활동을 알 수 있다고 믿었다. 그런데 북한이 연료봉을 인출하면 그 정보가 손상되거나 사라질 수 있었다. 둘째, 그렇게 인출한 연료봉을 재처리하면 더 많은 핵무기를 만들 수 있는 플루토늄을 추출할 수 있었다. 셋째, 새로운

---

60 오버도퍼 기자는 그 전망이 정보기관의 보수적 속성으로 인해 과장됐을 가능성을 지적한다. 그러나 중요한 것은 당시 그것은 정책담론에 정설로 자리 잡았다는 점이다. Oberdorfer, *The Two Koreas*, pp. 306-307.

연료봉을 장착하고 원자로를 가동하면 더 많은 플루토늄이 계속 생산될 것이었다.

안보리는 IAEA의 보고에 따라 과거 부분에 대한 협력을 요구하는 의장성명을 채택했었다. 그것에 대한 거부만으로도 안보리는 추가적인 조치, 즉 헌장 제7장을 원용하여 제재를 가하는 결의를 채택할 수 있었다. 그런데 연료봉 교체를 강행하면 과거 핵에 대한 불투명성이 증가할 뿐만 아니라 가까운 미래에 더 많은 핵물질을 보유할 여지도 생길 것이었다. 그러면 한편으로는 국제사회에 대한 도전 수위가 크게 높아지고 다른 한편으로는 북한의 협상 카드가 많아질 것이었다. 즉, 북한은 커다란 위험을 감수하고 더 많은 것을 얻어내겠다는 본격적인 벼랑 끝 외교를 시동한 것이었다.

4. 강압 외교와 『8월의 대포』

이제 상황은 전쟁의 위험을 무릅쓰고 상대를 압박하여 양보를 얻어내는 강압 외교의 상황으로 점차 치닫고 있었다.[61] 강압 외교의 상황은 게임이론에서 말하는 '치킨게임'의 상황, 곧 배짱 싸움과 많이 닮았다. 두 사람이 차를 몰고 마주 달린다. 두 사람이 모두 돌진하면 정면충돌하여 두 사람 모두 중상 또는

---

61 강압 외교는 국제정치학자 알렉산더 조지가 처음 말한 coercive diplomacy의 번역어다. Alexander L. George and Willam E. Simmons (eds.), *The Limits of Coercive Diplomacy*, 2nd ed. (Boulder, CO: Westview Press, 1994). George, *Forceful Persuasion: Coercive Diplomacy as Alternative to War* (Washington, DC: U.S. Institute for Peace, 1991). 또 김태현, "억지의 실패와 강압외교: 쿠바의 미사일과 북한의 핵,"『국제정치논총』52(1): 57-83 참조.

사망할 수 있다. 그게 겁나서 누군가 운전대를 먼저 꺾으면 '치킨' 곧 겁쟁이가 되어 배짱 싸움에서 지고 그러지 않은 배짱을 과시한 사람이 이긴다. 둘 다 운전대를 꺾으면 함께 망신을 당하지만 죽을 위험은 피할 수 있다. 이럴 때 이기는 방법은, 이순신 장군이 말한바, "살고자 하면 반드시 죽을 것이고 죽고자 하면 반드시 산다"(必生則死 必死則生)라는 각오다. 물론 다른 변수도 있다. 한 사람은 승용차를 몰고 다른 사람이 장갑차를 몬다면, 장갑차를 모는 사람은 마음에 여유가 있고, 따라서 더 배짱을 부릴 여지가 있다.[62]

미국과 북한만이 벌이는 게임이라면 참으로 볼만 했을 수 있었다. 북한은 스스로 절체절명의 위기에 던져 놓은 벼랑 끝 외교를 펼쳤다. 미국은, 초강대국으로서 압도적인 군사력이 있고 그 위에 한국의 전력도 있으니, 소형승용차를 모는 북한을 상대로 장갑차를 몰고 달리는 격이었다.[63] 그러니 북한이 '합리적'이라면 싸우지 않고 이기고, 불한이 '비합리적'이라면 싸워서 이기는 차이가 있는 정도였다. 설사 북한이 '비합리적'으로 판단하여 승용차를 마주 몰고 달리더라도 여전히 승자는 미국일 것이기 때문이었다. 이러나저러나 이 배짱 싸움의 승자는 미국일 수밖에 없었다. 북한이 '합리적'이라면 크게 이기고 '비합리적'이라면 작게 이기는 차이가 있었다.

그런데 미국이 운전하는 장갑차의 조수석에는 한국이 있었다. 그 자리는 어쩌면 북한보다 더 취약했다. 한국의 경제는 북한보다 훨씬 더 산업화, 국제화

---

62 앞의 글; 김태현, "게임과 억지이론" 우철구·박건영 (편), 『현대 국제정치론과 한국』 (서울: 사회평론사, 2004).

63 미군이 막강하다던 사담 후세인의 공화국군을 거의 손실 없이 격멸했던 이라크전쟁이 불과 3년여 전의 일이었다.

되어 있었으므로 충돌로 입을 피해가 북한보다 더 클 테고, 그만큼 배짱이 약했다. 그래서 한국은 때로 미국에 장갑차의 위력을 믿고 북한에 덤벼들라고 주문하다가, 북한이 강하게 저항하고 미국이 정말 그럴 것 같으면 물러서는 일관성 없는 행태를 보였다.[64] 그런데 한국이 북미회담의 사전 조건으로서 특사 교환을 철회한 이상, 북핵 문제, 나아가 북한문제에 대한 한국의 발언권을 스스로 약하게 만든 셈이었다. 그렇다면 미국이 반대 방향으로 선회했을 때 그것을 막을 명분도 찾기 어려울 것이었다.

세계적 차원에서 미국 클린턴 행정부의 첫 1년은 외교적 실패로 점철됐다. 그리고 그것이 외교와 군사를 통합적으로 운용하지 못했기 때문이라는 인식이 있었다. 1993년 12월 클린턴 대통령은 건강이 좋지 않고 1993년 10월 소말리아 사태로 비판을 받던 레스 에스핀 국방부 장관의 사임을 발표했다. 부장관을 지내던 윌리엄 페리(William Perry)가 1994년 2월 3일 장관으로 지명되고 의회 인준청문회를 거쳐 취임했다. 그 페리 장관이 패트리엇 미사일의 첫 선적분이 한국에 도착한 지 이틀 후 4월 20일 한국을 방문하여 김 대통령을 예방했다. 그때 페리 장관은 개리 럭 주한미군 사령관과 만나 한반도 유사시 전쟁계획인 작전계획(작계) 5027을 검토했다. 럭 장군은 북한의 공격을 격퇴할 자

---

64 1994년 한국이 미국에 강력한 대응을 주문하고 망설이는 이유를 추궁하자 미국의 고위외교관은 이렇게 답했다. "미국은 결코 북한의 위협을 두려워하지 않으며, 한국보다 덜 강경한 것도 아니다. 그러나 한국은 쾌속정과 같아서 (대통령의 지시에 따라) 배의 방향을 수시로 바꿀 수 있지만, 미국은 항공모함과 같아서 방향 전환에 시간이 걸리고, 일단 방향을 전환하면 이를 다시 바꾸기도 어렵다. 그래서 모든 외교적 수단이 소진된 후에나 강경책으로 선회가 가능할 것이다. 대화로 해결이 안 될 경우 미국이 언젠가는 한국이 원하는 대로 강경 선회를 하게 될 것이다. 그러나 미국이 일단 방향을 선회한 후에는 다시 방향을 바꿀 것을 기대하지는 않는 것이 좋을 것이다." 이용준, 『북핵 30년의 허상과 실상』, 113쪽.

신이 있다고 하면서도 병력 2만, 패트리엇 대대, 아파치 헬기 대대 등을 추가 지원하면 희생이 훨씬 줄어들 것이라고 보고했다. 이후 페리 장관은 럭 장관을 워싱턴으로 불러 4성 장군 모두가 참가한 지휘관 회의에 참석하도록 하고 국가안보회의에서 관련 브리핑을 하라고 했다.[65] 페리 장관은 이제 미국이 북한에 대해 전방위적으로 펼친 강압 외교의 중요한 축이 됐다.

학자 출신인 페리 장관은 5월 3일 연설을 통해 강압 외교의 어려움을 이렇게 표현했다.

우리가 어떤 행동을 취하든 항상 그로 인한 결과가 따른다는 점을 잊지 말아야 한다. 지금 북한의 핵 프로그램을 용인한다면 미래에 위기를 초래할 수 있다. 지금 군사적 행동을 취한다면 즉각적인 위기를 초래할 수 있다. 지금 취하는 군사적 태세와 외교적 노력을 통합한 방법도 위험이 전혀 없는 것은 아니다. 북한이 이러한 노력을 도발적 행위로 오해할 수 있기 때문이다.[66]

과연 상황은 외줄을 타는 것처럼 위태로웠다. 북한이 안보리 의장성명을 무시하고, 더 나아가 연료봉 인출과 같은 도발적 행위를 한다면 미국은 다음 수, 즉 안보리 제재 결의를 추진하지 않을 수 없었다. 그런데 북한은 진즉부터 제재가 전쟁 선언이라며 그에 상응하는 행동, 즉 군사적 행동을 예고했었다. 그

---

65 정종욱, 『정종욱 외교비록』, 280쪽. 페리 국방부 장관, 샬리카쉬빌리 합참의장, 개리 럭 주한 미군 사령관이 국가안보회의에 참석하여 대통령 이하 고위간부에 보고한 것은 5월 19일이었다. 위트 외, 220-23쪽.

66 앞의 책, 216쪽.

군사적 행동이 무엇이든 대비를 하는 것이 군의 본령이었다. 대비하는 방식은 두 가지였다. 첫째는 북한이 그러한 행동을 하지 않도록 사전에 억지하는 것이다. 그러려면 북한이 군사적 도발의 결과 얻을 것보다 잃을 것이 많다고 느끼도록 해야 했다. 둘째는 그 억지 노력이 실패하여 북한이 도발했을 때 피해를 최소화하고 나아가 그에 대한 대가를 치르도록 하는 것이다. 이 두 가지 순차적인 목표를 달성하려면 한반도에 군사력을 증강해야 했다. 북한이 단념하도록 하기 쉽고, 단념하지 않더라도 피해를 줄일 수 있기 때문이다.

그런데 문제가 있었다. 앞의 두 가지 논리는 북한이 먼저 도발하거나 도발을 고려한다는 것을 전제한 것이었다. 그런데 북한은 탈냉전과 사회주의권의 몰락, 한·소 수교/한·중 수교 등으로 인한 외교적 고립을 겪던 중에, 그 동기야 무엇이든, 핵 문제로 더욱 가중된 고립에 시달리고 있었다. 그런 북한은 미국의 군사력 증강이 외교적 압박을 뒷받침하기 위한 것이 아니라 그 반대라고 생각할 수도 있었다. 즉, 외교는 명분 축적을 위한 것일 뿐이고, 사실은 군사력을 통한 해법을 추구하기 위한 것으로 생각할 수도 있었다. 그렇다면 북한은 지레 겁을 먹고 무릎을 꿇거나, 아마 자포자기적 노력이긴 하겠지만, 군사력 증강이 이루어지기 전에 먼저 공격하여 그나마 승리 확률을 높이려고 시도할지도 몰랐다.

북한의 도발을 막으려면 군사력을 증강해야 한다. 군사력을 증강하면 북한의 도발 가능성이 커질지 모른다. 국제정치학자들이 국제정치의 핵심 딜레마로 꼽는 '안보 딜레마' 또는 '권력과 안보 딜레마'가 한반도에 펼쳐졌다.[67]

---

67 이 상황은 안보에 대한 우려에 사로잡힌 나머지 의도치 않은 갈등을 되풀이하고 그로써 더욱 안보 상황이 나빠진다는 전형적인 안보 딜레마가 아니라 한 차원 위의 딜레마를 포함했

1962년 10월, 소련이 미국의 앞마당 쿠바에 핵미사일을 배치하여 발발한 쿠바 미사일 위기 중 당시 케네디 대통령은 제1차 세계대전의 발발을 기술한 여류작가 바버라 투치먼의 『8월의 대포』라는 저작을 언급했다.[68] 정확한 의도를 모르는 상태에서 미국과 소련이 상대방의 적대적 의도를 과대평가하고, 그로써 적대감이 커지고 결과적으로 원하지 않은 전쟁으로 치달을지도 모를 위험을 안고 있던 당시의 상황을 제1차 세계대전을 앞둔 유럽 열강이 처했던 상황에 비유한 것이다. 1994년 봄, 북미회담의 미국 측 수석대표, 1994년 4월 7일을 기해 북한 문제 고위정책조정관으로 임명된 로버트 갈루치도 같은 상황에서 같은 책을 떠올렸다.[69]

5. 연료봉 인출과 IAEA

4월 19일, 북한이 IAEA에 "조속한 시일 내에" 연료봉을 내릴 것이라고 통보하면서 IAEA 사찰관이 와서 그 작업을 관찰해도 좋다고 했다. 그러나 그 작

다. 즉, 국제정치학자 로버트 저비스가 그 안보 딜레마를 '나선(螺旋) 모형'(spiral model)이라고 묘사하고 그것을 '억지 모형'(deterrence model)과 대비시켰듯이, 한 차원 위의 딜레마는 나선 모형을 믿고 상대를 포용했다가 뒤통수를 맞는 억지 모형과 억지 모형을 믿고 강하게 나갔다가 상황을 악화시키는 나선 모형 사이 선택의 딜레마다. 배리 부잔은 이 둘을 묶어 '권력과 안보 딜레마'로 부른다. Robert Jervis, *Perception and Misperception in International Politics* (Princeton, NJ: Princeton University Press, 1976); Buzan, *People, States, and Fear*, ch. 8.

68 Barbara W. Tuchman, *The Guns of August* (New York: Random House, 1962); Robert F. Kennedy, *Thirteen Days: A Memoir of the Cuban Missile Crisis* (New York: Norton, 1967), p. 49.

69 Oberdorfer, *The Two Koreas*; 위트 외, 『북핵 위기의 전말』.

업이 어떠한 절차를 밟을 것인지, IAEA 사찰관이 무슨 작업을 할 수 있는지에 대해서는 언급이 없었다. 이후 북한과 IAEA 사이에 몇 차례 통신이 오고 갔다. 북한은 사찰관이 와서 관찰하고, 측정하는 것은 허용하겠지만 연료봉 자체나 그 일부를 채취하는 것은 허락할 수 없다고 했다. 곧 IAEA가 과거 핵 활동을 규명할 수 없도록 하겠다는 것이었다. IAEA는 그런 조건에서 사찰관을 파견하지 않겠다고 했고 워싱턴도 그 결정을 지지했다. 다만 미국 관리 중에는 IAEA의 입장이 지나치게 강경하고 경직돼 있다고 생각하는 사람이 늘어났다. 갈루치도 그중 하나였다.

5월 8일 국제적인 감시 또는 관찰이 없는 상태에서 연료봉 인출 작업이 시작됐다. 그 속도가 예상보다 훨씬 더 빠르고 무질서하여 IAEA는 크게 경각심을 가졌다.[70] 5월 19일에야 IAEA 사찰관 올리 헤이노넨이 허겁지겁 평양으로, 또 현장으로 달려갔다. 그리고 연료봉 인출 작업이 IAEA가 핵심 정보를 담고 있다고 생각한 연료봉 부분까지 이르지 않은 것을 보고 안심했다. 그러나 작업 속도가 예상보다 훨씬 빠르고, 따라서 2~3개월 정도 걸릴 것으로 생각했던 작업이 수주일 내에 완료될 수 있다고 보고했다. 이후 5월 25일 고위 사찰관 페리코스가 다시 평양에 갔다. 페리코스는 아직 문제의 연료봉 인출에는 이르지 않았으나 그것은 시간 문제라고 보고했다. 사실 그 연료봉을 인출하더라도 질서 있게 보존성을 유지하며 인출하면 그나마 나았다. 나중에라도 그로부터 표본을 채취하여 분석할 여지가 있기 때문이었다. 그러나 북한은, 아마 일부러, 마구잡이식으로 인출하여 내던지듯이 보관함에 집어넣었기 때문에, 페리코스

70 그때까지 북한에 하나밖에 없다고 알려진 연료봉 교체 기계가 하나 더 있는 것이 드러났다.

는 후일 그 연료봉을 찾는 것은 '짚더미에서 바늘 찾는 격'이 될 것이라고 보고 했다.[71]

빈의 IAEA 본부에 있던 한스 블릭스 사무총장은 크게 분개했다. 블릭스는 IAEA의 일반규칙이 자꾸 망가지고 그리하여 IAEA의 신뢰성이 훼손되는 데 대해 거의 편집증적으로 우려하고 있었다. 블릭스는 북한이 NPT 탈퇴를 유예한 특수한 지위를 인정하지 않았고, 설사 특수한 지위에 있더라도 다른 모든 가맹국과 같은 의무를 진다는 점은 다르지 않다고 주장했다. 반면 뉴욕 채널을 통해 북한과 협상을 계속하던 미국 측 관리들은 블릭스의 완고한 입장은 북한의 완고한 입장만큼이나 협상의 타결에 장애가 된다고 생각했다. 이제 동아시아 지역의 역사적, 정치적 맥락을 이해하기 시작한 갈루치는 5월 IAEA의 사고방식이 '교조적'이라고 평가했다. 북한의 행태도 예측하기 어려웠지만, 블릭스의 반응도 예측하기 어렵기는 마찬가지라고 봤다. 그러나 IAEA는 북한이 아니었다. 자칫 블릭스 또는 IAEA를 비판했다가는 미국이 비확산체제에 흠집을 낸다는 비난을 받을 우려가 있었다.[72]

페리코스의 보고에 따라 블릭스 사무총장은 유엔 안보리에 북한의 연료봉 인출이 현재 속도로 계속될 경우 IAEA가 연료봉을 선별하여 측정을 위해 보존할 수 있는 여지가 사라진다고 보고했다. 이에 대해 안보리는 5월 30일 IAEA와 협력하기를 촉구하는 내용의 의장성명을 채택했다. 6월 2일 연료봉의 3분의 2 정도가 인출됐을 때 블릭스는 유엔 안보리에 다시 서한을 보내 "원자로

---

71 앞의 책, 228쪽.
72 Oberdorfer, *The Two Koreas*, p. 310.

노심의 중요한 부분 모두가 교체되었으므로 연료봉을 분리하여 확보할 수 있는 여지가 사라졌다"라고 선언했다. 이는 결국 북한이 5월 30일자 안보리 의장성명을 무시했으니 더 강경한 조치를 요구하는 것과 다름없었다. 더 강경한 조치란 곧 제재 결의가 될 것이고, 북한이 제재를 '전쟁 선언'이라고 한 이상 이는 수류탄의 안전핀을 뽑은 것이나 다름없게 됐다.[73]

73　그 같은 부담을 의식했는지 블릭스 사무총장은 북한이 "전적으로 협력"한다면 북한의 과거 핵 활동에 대한 정보를 얻을 수 있는 다른 방법이 없지 않다며 여지를 남겼다. 위트 외, 『북핵 위기의 전말』, 233쪽.

1. 데자뷔

이렇게 재개된 위기는 전해 위기의 데자뷔, 쉽게 말해 재판(再版)이었다. 북한 핵 문제를 다루던 두 개의 채널, 즉 남북대화, IAEA와 북한의 협력 등 두 개의 소통 통로가 차례로 닫혔다. 그에 따라 IAEA가 북한이 국제의무를 위반했다는 내용의 결의를 채택함으로써 미국을 비롯한 국제사회의 압력이 가중됐다. 그에 대해 북한이 기발한 강수를 택함으로써 위기가 촉발됐다. 그러나 양태가 비슷하다고 하여 모든 것이 같은 것은 아니었다. 사회적 사건의 경로 의존성에 따라 사안의 성격이 점차, 그리고 더욱 엄중해졌다. 결과적으로 위기가 내포한 잠재적 파괴성도 커졌다.

1993년의 위기 이후 북한의 핵시설은 그것이 민수용 에너지이든 군수용 무기이든 좌우간 '물리적' 존재였던 것이 사람들, 국가들 사이의 사안인 '사회적' 존재로 바뀌었다. 또 북한이 외교적 승인, 정치군사적 안전 보장, 경제적 지원 등을 위해 사용할 수 있는 '외교적' 수단으로 바뀌었다. 북한이 IAEA와의 협력을 거부하고 군수용의 가능성을 높일수록 외교적 수단으로서의 성가도 높아졌다. 성가가 높아진 만큼 위험도 커졌다. 그 위험이 현실이 되지 않도록 관리하면서 성가를 활용하여 대가를 얻어내려면 그만큼 노련한 외교술이 필요했다. 북한은 바로 그 외교술, 즉 벼랑 끝 외교에 도통하기에 이르렀다. 벼랑으로 갈수록 외교적 성가도 높아졌지만, 문제는 그 벼랑의 끝이 어딘지 확실치 않다는 점이었다.

외교적 거래가 일반적인 상거래와 가장 크게 다른 점은 바로 무력의 사용, 즉 전쟁을 배제하지 않는다는 점이다. 도돌이표처럼 되풀이된 위기가 그 전해와 달라진 점은 바로 군사적 측면이 크게 두드러진 것이었다. 미국을 비롯한 국제사회가 북핵 문제를 유엔 안보리로 가져가 제재를 추진하려고 하자 북한은 "제재란 곧 전쟁의 선언"이라고 받아쳤다. 그럼으로써 외교적 위기가 군사적 위기로 전환됐다. 그 군사적 위협에 대응하여 미국이 군사력 증강에 나섰다. 이처럼 군사적 성격이 부각하면서 상호 위협감이 커지면, 굳이 의도하지는 않더라도 우발적 충돌이 생길 수 있고, 그 우발적 충돌이 전면전으로 확전할 가능성이 있었다. 그냥 있는 정도가 아니라 갈수록 높아졌다.

1994년 봄의 상황은, 1962년 쿠바 미사일 위기 때 케네디 대통령이 떠올렸던, 그리고 미국의 당시 협상책임자 갈루치가 떠올린 바버라 투치먼의 『8월의 대포』에서 묘사한 상황을 방불케 했다. 『8월의 대포』에서 저자는 충돌하는 목표, 상호 오해와 불신, 그리고 우발성이 누구도 원치 않았던 전쟁, 제1차 세계대전을 불러일으킨 과정을 절묘하게 묘사했다. 1994년 한반도의 상황이 그때와 매우 닮았다. 갈루치는 "현재 상황은 전쟁, 그것도 큰 전쟁으로 확전할 요소를 가지고 있다"라고 표현했다. 윌리엄 페리 국방부 장관도 "진정 전쟁의 위험요소"가 있었다고 회고했다.[74] 현지 군 지휘관들은 더욱 그랬다. 주한미군의 공군 소장 하웰 에스테스는 "누구도 감히 드러내놓고 말하지 못했지만 마음속

으로 우리는 모두 전쟁으로 가고 있다고 생각했다"라고 회고했다.[75]

그 무렵 평양에서 김일성은 오랜 친구인 캄보디아의 시아누크에게 이렇게 말했다.

"우리나라를 사람이라고 생각해 봅시다. 그들은 우리 겉옷을 벗기고 속옷을 벗기고 이제 바지를 벗기려고 하오. 발가벗기겠다는 거지요. 우리에게 국방의 비밀조차도 유지하지 말라는 것인데, 마치 발가벗으라는 것이나 마찬가지요. 우리는 그걸 받아들일 수 없소. 차라리 전쟁하고 말지. 그들이 전쟁하겠다면 우리도 좋소. 우린 전쟁할 준비가 돼 있소."[76]

6월 5일 북한은 공식성명을 통해 "제재는 전쟁이다. 전쟁에서 자비란 없다"라고 선언했다. 그 효과를 얼마나 기대했을지는 몰라도 그것은 미국을 겁주어 제재로의 행보를 멈추게 하려고 한 시도였다. 그러나 그것은 미국을, 워싱턴을 겁주지 못했고 행보를 멈추게 하지도 못했다. 클린턴 대통령은 "이것은 그들이 자초한 일"이라며 안보리를 통한 제재 추진을 승인했다. 그에 따라 미국은 안보리에서 제재결의안 회람에 들어갔다. 동시에 군사력 증강 계획을 가동했다.

미국 국무부는 유엔본부에서 안보리 이사국 대표들과 접촉을 시작했다. 또 안보리 이사국을 비롯한 주요국 수도에 주재하는 외교관들을 총동원하여 미국의 입장에 대한 지지를 호소했다. 역시 거부권을 보유한 중국이 중요했다. 6

---

74 위기가 절정에 이르렀던 6월 14일 백악관 회의에서 페리 장관도 『8월의 대포』를 언급했다.

75 Oberdorfer, *The Two Koreas*, p. 306.

76 앞의 책.

월 9일 한승주 외무부 장관이 첸치천(錢其琛) 중국 외교부장을 만나 "중국이 유엔 안보리에서 거부권을 행사할 상황까지 가지 않게 하기 위해서는 북한에 중국의 거부권 행사를 기대하지 않게 만드는 것이 중요하다"라고 강조했다. 6월 10일 탕자쉬안(唐家璇) 외교부 부부장이 주중 북한 대사에게 북한이 핵 문제에 대해 신축성을 보이지 않으면 중국은 안보리 제재결의안 통과를 막을 수 없다고 통보했다. 이어 한국을 비롯한 관계 국가에 그 사실을 통지했다.[77] 이제 국제사회는 유엔 안보리 결의를 통해 북한을 압박할 준비가 됐다. 아울러 "제재가 곧 전쟁 선언"이라고 한 북한의 협박에 대한 군사적 대비 태세를 강화해 나갈 참이었다. 그것이 성공하여 북한이 협조하도록 유도할지 아니면 파국으로 치달을지는 아무도 몰랐다. 다만 좋은 쪽을 희망할 따름이었다.

2. 위기의 역설

위기(危機)라는 단어는 위험을 의미하는 위(危)자와 기회를 말하는 기(機)자로 구성된다. 그래서 흔히 위기는 기회를 동반한다고 말하는데, 단순한 글자 풀이에 그치는 것이 아니라 논리적 근거가 있다. 위험이 있으면 그 위험을 피하고자 하는 것이 인간의 본능이다. 그 본능이 모여 위험을 해소하는 데 필요

---

77 한승주, 『외교의 길』, 98-99쪽. 아직 개혁개방의 초기 단계에 있던 중국은 국제사회와의 지속적인 협력에 큰 기대를 걸고 있었다. 5월 30일 클린턴 대통령은, 선거 공약에도 불구하고, 아직 세계무역기구의 가맹국이 아니던 중국에 최혜국대우의 조건 없는 연장을 결정했다. 이런 맥락에서 그때까지 안보리에서 독자적으로 거부권을 행사한 적이 없던 중국이 북한을 위해 거부권을 행사하는 것은 큰 부담이었다.

한 의지와 정치적 동력을 만든다. 위험이 고조되면 국민의 관심이 커지고 그 관심은 정치지도자에 그 위기를 해결하라는 압력으로 작용한다. 국민은 또 위험을 피하는 데 필요한 희생을 감수할 용의도 생긴다. 그에 더해 정책결정자의 셈법도 바뀐다. 낮다고 생각했던 확률이 높아지고 막연하게 생각했던 결과가 더 큰 현실성을 띠기 때문이다. 그래서 위험은 기회를 동반한다. 위험이 클수록 기회도 많다. 그것을 위기의 역설(逆說, paradox)이라고 한다.

　과연 위험이 커지자 사람들이 움직이기 시작했다. 그중 한 사람이 주한 미국대사 제임스 레이니(James Laney)였다. 조지아주 애틀랜타에 소재한, '남부의 하버드'라고 평가받는 명문 에모리대학교 총장을 지낸 레이니 대사는 주한 미국 대사로는 드물게 명망과 인맥에서 중량급 인사였다. 그는 북핵 위기가 가진 잠재적 파괴력에도 불구하고 미국 행정부가 정치적이 아니라 관료적으로 움직이는 걸 보고 크게 우려하기 시작했다. 그래서 위기가 점차 가중되던 2월 중순 워싱턴에 가서 관계 요로의 사람들을 만나 자신의 우려를 피력하고 대안을 제시했다. 즉, 레이니 대사는 클린턴 행정부가 북핵 문제 해결이라는 새로운 문제에 사로잡힌 나머지 한반도의 평화와 북한 도발의 억지라는 종래의 목표를 소홀히 하거나, 두 가지 목표 사이의 균형을 유지하지 못할 수 있다고 우려했다. 그래서 두 가지 조치를 주문했다. 하나는 북미회담의 대표 갈루치를 다른 인물로 교체하라는 것이었다. 한국에서는 진즉부터 갈루치가 지역 정세에 무지하여 한국의 필요와 한국인의 정서에 둔감하다는 비판이 있고, 그러므로 주중 대사를 지낸 중량급에 지역 정세에 밝은 윈스턴 로드(Winston Lord) 동아태담당 차관보로 교체해야 한다는 요구가 비등하고 있었다. 레이니 대사가 그런 비판과 요구에 귀를 기울였는지는 알 수 없지만, 겉으로 드러난 주장은 약간 각도를 달리했다. 그는 갈루치와 강석주의 회담, 즉 제3단계 북미회담은 북핵 문제의 일종의 볼모가 됐다고 봤다. 즉, 북핵 문제 해결에 진척이 없으면 열리지 못하고 따라서 갈루치는 능력을 제대로 발휘할 기회조차 얻지 못했다는 것이었다. 그래서 가뜩이나 의사소통이 부족한 미북 사이에 에커먼 의원이나 빌리 그레이엄 목사와 같이 편법적 소통 채널을 동원하게 됐다는 비판이었다. 일리가 있었으나 갈루치 개인에 대한 비판처럼 들릴 소지가 있어 큰 반향을 얻지 못했다.

다른 하나는 북핵 문제를 전담할 총책임자를 임명해달라는 것이었다. 외형적으로 갈루치가 총책임자였으나, 그의 기본 직책은 정치·군사담당 차관보로 북핵 문제에만 매달릴 처지가 아니었다. 그래서 레이니 대사는 오랜 친구이자 외교안보 문제에 관심이 많고 영향력이 큰 샘 넌(Sam Nunn) 조지아주 출신 연방상원의원을 찾았다. 그리고 넌 의원의 주선으로 백악관 비서실장 맥 맥라티 (Mac McLarty)를 만나 한반도 정책을 총괄할 사람을 임명해 달라고 요청했다. 그것이 통해 맥라티 비서실장이 크리스토퍼 장관에게 연락을 취하고, 장관이 움직여 대북정책 조정관 자리를 신설하고 갈루치를 그 자리에 임명했다. 4월 7일의 일이었다.[78]

5월에 이르러 한반도 정세는 더욱 엄중해지고 있었다. 백악관도 걱정하기 시작했다. 그리고 최고위급 차원에서 북한과의 의사소통 통로가 없다는 점이 큰 문제로 부상했다. '불바다' 발언을 낳았던 3월의 위기 국면에서 클린턴 대통령이 직접 빌리 그레이엄 목사에게 전화하여 김일성 주석에 메시지를 전해

---

78 위트 외, 『북핵 위기의 전말』, 202-203쪽.

달라고 부탁했을 정도였다.[79] 5월 레이니 대사가 다시 미국으로 와서 고위급 차원에서 북핵 문제에 관심을 가지라고 주문하고 다녔다. 샘 넌 상원의원도 다시 만났다. 1994년 초, 넌 의원은 소속 정당은 다르지만 외교안보 분야에서 뜻과 손발이 맞은 리처드 루거(Richard Lugar) 상원의원과 함께 한국을 방문한 적이 있었다. 이제 첨예한 위기 국면을 맞아 넌 의원은 루거 의원과 함께 북한을 방문하여 김일성에 클린턴 대통령의 메시지를 전하겠다고 했다. 4월 26일 북한 최고인민회의 의장이 상원의장을 겸한 알 고어 부통령을 평양으로 초청하는 서한을 보낸 적이 있었다. 고어 부통령은 그 서한에 대한 답신의 형태로 넌, 루거 두 상원의원이 5월 25일 방북하겠다고 제안했다. 그러나 두 의원이 여행 준비를 마친 상태에서 북한이 시간이 촉박하다는 이유로 거부했다.[80]

5월 레이니 대사가 미국에 와서 만난 인물 중 지미 카터(Jimmy Carter) 전임 대통령이 있었다. 카터 전임 대통령이 퇴임 후 세운 카터센터가 바로 레이니 대사가 총장으로 있던 에모리대학교에 있듯이 둘은 친분이 깊었다. 1977~1981년에 대통령을 지낸 민주당 출신 카터는 임기 중 인권 외교를 내세워 한국과 외교적 갈등을 빚고, 특히 주한미군 철수를 주장하여 박정희 대통령과 언쟁을 벌인 것으로, 한국에서는 '악명'이 높았다. 반면 북한은 그 때문에 카터를 좋아했고 가끔 초청장을 보내곤 했다. 레이니 대사의 걱정을 들은 카터 전임 대통령은 바로 그 초청장을 이용하여 북한을 방문할 생각을 하게 됐다.

6월 1일, 카터 전임 대통령은 클린턴 현 대통령에게 전화하여 상황에 대한

---

79 앞의 책, 181쪽.
80 앞의 책, 226-228쪽. Oberdorfer, *The Two Koreas*, p. 317.

우려를 표명했다. 같은 민주당 출신 전임 대통령을 무시할 수 없었던 클린턴 대통령은 갈루치 차관보를 애틀랜타로 보내 브리핑을 하도록 했다. 갈루치는 북핵 문제의 여러 측면을 자세히 설명하고, 특히 사용 후 연료봉에서 플루토늄을 추출하는 문제에 대한 우려를 강조했다. 그러나 카터는 NPT 조약에서 금지하지 않은 재처리 활동을 무슨 근거에서 막을지를 따져 갈루치를 놀라게 하고 난처하게 했다. 갈루치는 카터가 조만간 북핵 문제에 개입하고, 그럼으로써 골치 아프게 할 것이라는 예감을 가지고 워싱턴으로 돌아왔다. 그리고 샌디 버거 안보 부보좌관에게 전화하여 그 예감을 설명했다.[81]

그 예감이 맞았다. 6월 6일 카터 전임 대통령은 고어 부통령에 전화하여 북한에서 받은, 유효한 초청장을 활용하여 북한을 방문하겠다는 의지를 표명했다. 백악관은 그 문제를 논의하고 거부할 명분이나 이유가 없다는 결론을 내렸다. 북한 고위급과 직접 소통이 없는 점을 우려하여 샘 넌 및 리처드 루거 의원의 방북을 기획했던 사정이 여전히 유효하고, 더 절박했던 것이었다. 문제는 고집스러운 전임 대통령의 활동이 문제를 행정부가 원하는 방향으로 해결하는 데 도움이 될지 여부였다. 백악관은 카터 전임 대통령이 미국 정부를 대표하는 것이 아니라 '개인 자격'이라는 점을 강조하여 동의하기로 했다. 카터도 기꺼이 동의하고 6월 9일 '개인 자격'으로 평양을 방문한다고 발표했다.

카터를 좋아하지 않는 한국인의 정서를 반영하듯, 김영삼 대통령은 그 소식을 반기지 않았다. 6월 10일, 클린턴 대통령에게 전화하여 북한에 대한 전방위적 압력을 가하는 가운데 카터의 방북이 김을 빼지나 않을까 우려했다. 우려하

---

81 위트 외, 『북핵 위기의 전말』, 246-248쪽.

는 내용은 방북의 시기와 내용이었다. 과연 시점과 내용은 두고두고 논쟁이 될 것이었다.

3. 폭풍 전야

그 무렵 북한에 대한 압력은 전방위적으로 전개됐다. 외교적으로 IAEA와 유엔, 심지어 북한의 독무대였던 비동맹 회의에서도 북한 핵 문제를 우려하고 협력을 촉구하는 결의를 채택하도록 여론을 조성했다. 그것을 위해 미국의 외교관들은 각 주재국 외교부를 방문하고 국제기구의 대표단을 방문했다. 그럴 때마다 이미 방문을 마치고 나오는 한국 외교관들을 만났다. 한국의 외교관들은 더욱 열심히 뛰고 있었던 것이었다.[82] 러시아가 뜬금없이 북핵 문제를 논의하기 위한 다자회의를 제안했지만, 이는 한반도 문제에 대한 영향력을 회복하고자 하는 노력이었을 뿐 북한을 감싸자는 것은 아니었다.[83] 그리고 6월 10일 중국은 북한에 북핵 문제가 유엔 안보리에 회부되면 거부권 행사를 하지 않을 것이라고 통보했다. 같은 날 IAEA는 연 50만 달러에 달하는 대북지원금의 삭감을 발표했다. 사흘 후 북한은 그에 반발하여 IAEA 탈퇴를 선언하고 사찰단에게 평양을 떠나라고 했다.

82 앞의 책.
83 6월 초순, 김영삼 대통령은 모스크바에서 옐친 러시아 대통령과 매우 우호적인 정상회담을 했다. 이 정상회담에 대해서는 김영삼 대통령 회고록에 자세히 기술돼 있다. 김영삼,『김영삼 대통령 회고록』(상), 205-287쪽.

그에 앞선 6월 4일, 미국은 제3단계 북미회담의 취소를 선언하고, 대북제재 결의 초안을 각 부처에 24시간 시한을 주고 회람했다. 6월 10일, 페리 국방부 장관이 주례보고서를 들고 샬리카쉬빌리 합참의장과 더불어 백악관을 찾았다. 북한에 대해 확실한 억지력을 구축하여 북한의 오판을 방지하는 것이 역시 중요했다. 그렇더라도 북한이 미국의 의도를 오인하여 섣부른 군사행동에 나서지 않도록 조심하는 것도 여전히 중요했다. 그처럼 위태로운 선 위에서 현실적으로 중요한 것은 얼마나 빨리, 얼마나 많은 병력과 전력을 한반도에 증강하는지였다. 페리 장관은 사태가 여기에 이른 이상 가능한 한 큰 전력을 가급적 빨리 전개하는 것이 필요하다고 믿기에 이르렀다. 대통령과 부통령도 동의했다. 그래도 여전히 북한에 숨통을 열어주고 압박하는 것이 필요하다고 생각했다.[84]

그 보고서에서 럭 장군은 한국 정부는 사회적 혼란을 우려하여 병력의 빠른 전개를 반기지 않는 것 같다고 보고했지만, 한국 정부도 긴박하게 움직이고 있었다. 6월 3일, 정부는 대북교역을 중단하고 민간기업의 대북 접촉을 불허하기로 했다. 주한 미국 대사관은 주한 미국 민간인의 소개를 검토하기 시작했다. 10일 주한미군은 소개 훈련을 시행했다. 6월 16일 레이니 대사는 정종욱 수석을 방문하여 민간인 소개 계획을 전하고, 마침 한국을 방문하고 있던 딸과 손주들에게 사흘 안에 한국을 떠나라고 했다고 전했다. 그 보고를 받은 김영삼 대통령은 레이니 대사를 불러 엄중하게 항의했다.[85] 그렇게는 했으나 한국 정

---

84 위트 외, 『북핵 위기의 전말』, 250-252쪽.
85 정종욱, 『정종욱 외교비록』, 79-80, 280쪽.

부도 걱정이었다. 매월 15일에 열리는, 과거에는 전시 대비였으나 최근 재난 대비로 바뀌었던, 월례 민방위 훈련을 실전에 대비하여 실시했다. 북한의 화생 방 공격에 대비하여 방독면 구매를 권유하기도 했다. 쌀과 라면, 부탄가스 등 이 동이 났다. 6월 14~15일 사이 주가는 25% 폭락했다.[86]

6월 14일자 백악관 모임에서 소위 '오시라크' 옵션이 처음으로 거론됐다. 오시라크(Osirak)는 1981년 이스라엘 공군이 폭격하여 파괴한 이라크의 원전 시설 또는 그것이 있던 장소의 이름이었다. 따라서 오시라크 옵션이란 북한 핵 시설에 대한 '족집게 폭격'(surgical airstrike)을 의미했다. 1962년 쿠바 미사일 위 기 때 케네디 행정부가 처음부터 끝까지 고려했던 방법이었다. 그때와 마찬가 지로 공습의 범위로 세 가지 방안이 고려됐다. 하나는 재처리시설을 폭격하는 것이다. 방사능 유출의 위험을 줄인 채 간단한 작전으로 완수될 수 있었다. 그 러나 그 효과는 북한이 재처리시설을 다시 건설할 때까지의 시간을 버는 정도 로 위험과 비교해 얻는 것이 적었다. 얻는 것을 늘리려면 폭격의 범위를 영변 의 핵시설 전반으로 확대하여 북한 핵무장 의도를 완전히 좌절시키거나 오랫 동안 지연시키는 것인데, 자연히 그 위험도 컸다. 기습의 효과가 감소하기 때 문에 북한 대공화기에 의한 반격과 피해도 우려됐다. 반격에 의한 피해를 줄이 려면 주변의 대공시설을 폭격해야 하는데 그러면 전면적인 전쟁으로 확대될 가능성은 더욱 컸다. 그런데 지금은 유엔 안보리 제재를 통해 압박을 강화하여 북한에 공을 넘긴 다음 군사적 대비를 강화하는 강압 외교의 단계지 공격의 단계는 아니었다. 따라서 오시라크 옵션은 검토의 문제였지 선택의 문제는 아

---

86 Oberdorfer, *The Two Koreas*, p. 322.

니었다.[87]

4. 지미 카터

6월 10일 카터 전임 대통령은 워싱턴에 와서 국무부의 공식 브리핑을 받았다. 일정상 브리핑에 참석할 수 없던 레이크 안보보좌관은 직접 공항에서 카터를 영접하고 방북이 개인 자격임을 강조했다. 브리핑이 있던 갈루치 사무실의 여비서는 긴장한 나머지 로잘린 카터 여사를 먼데일 여사라고 부르고 코카콜라 본사가 있는 애틀랜타에 사는 카터 일행에 펩시콜라를 대접하는 실수를 저질렀다. 카터를 맞이하는 국무부 팀의 부담과 우려가 그토록 컸던 것이었다. 역시 카터는 듣지 않고 가르치려고만 들었다. 그가 돌출행동을 할지 모른다는 우려가 더욱 커졌다. 그날 저녁 한승수 주미 한국 대사가 카터 일행을 관저로

---

87 위트 외, 『북핵 위기의 전말』, 257-259쪽. 이 안이 논의된 것은 전임 부시 행정부 안보보좌관 스코크로프트와 국무부 차관 아널드 캔터가 워싱턴 포스트에 기고한 칼럼이 계기가 됐다. Brent Scowcroft and Arnold Kanter, "Korea: A time for Action," *Washington Post*, June 15, 1994. 김영삼 대통령은 회고록에서 6월 16일 레이니 대사가 미군 가족과 민간인, 대사관 직원을 소개하기로 했다는 소식을 듣고 레이니 대사를 불러 거세게 항의했더니 16일 새벽 클린턴 대통령이 전화했고 다시 그에게 항의하여 공습계획을 중단시켰다고 주장했다. 김영삼, 『김영삼 대통령 회고록(상)』, 315-318쪽. 이에 대해 갈루치 등은 일의 선후가 맞지 않고 무엇보다 당시 김 대통령과 클린턴 대통령이 통화한 기록이 없다고 반박한다. 한승주 당시 외무부 장관도 '미국이 북한을 공격하려고 했는데 한국이 막았다'라는 이야기는 과장이라고 했다. 정종욱 당시 외교안보수석은 통화한 기록이 없다는 것을 인정하면서도 김 대통령이 어떠한 방식으로든 전쟁은 안 된다는 의사를 전달했을 것으로 판단했다. 위트 외, 『북핵 위기의 전말』, 269쪽; 한승주, 『외교의 길』, 105쪽; 정종욱, 『정종욱 외교비록』, 81쪽. 김 대통령의 회고가 사실이든 아니든 미국이 한국 정부와 상의하지 않고 일방적으로 한반도에서 전쟁을 일으킬지 모른다는 불안감은 이 위기의 전 과정을 통해 한국에서 팽배했다.

초청하여 만찬을 베풀었다. 그 자리에서 한 대사는 방북 전 서울 방문을 요청하는 김 대통령의 개인적 메시지를 전달했다. 이틀 후 12일 카터 일행은 델타 항공기로 서울로 향했다. 서울에는 13일 도착했다. 그날 북한은 IAEA 탈퇴를 선언하고 사찰단을 추방할 것이라고 발표했다. 크리스토퍼 국무장관이 카터에 전화하여 사찰단의 신변에 일이 생기면 카터의 노력이 실패할지 모른다고 경고했다. IAEA의 탈퇴와 사찰단의 추방으로 카터를 맞이하는 북한은 협상 카드를 하나 더 늘렸다.

6월 14일 오후 카터 전임 대통령은 청와대에서 김영삼 대통령과 만났다. 김 대통령은 카터의 방북이 북한의 시간 끌기 작전에 이용되지 않는지 우려했다. 카터 전임 대통령은 김 대통령이 취임사에서 밝힌 남북정상회담 의지가 여전히 유효한지를 물었다. 김 대통령은 이듬해가 분단 50주년임을 상기하면서 정상회담을 통해 진정한 남북 화해를 달성하고자 하는 뜻은 변함이 없다고 했다.[88]

6월 15일 카터 일행은 판문점을 지나 육로로 평양을 향했다. 김영남 외교부장이 맞았다. 카터 전임 대통령은 사찰단을 추방하겠다는 의도가 뭐냐고 물었다. 김영남은 사찰단이 여기서 할 일이 없기 때문이라고 대답했다. 저녁에는 공연을 겸한 호화판 만찬을 베풀었다. 카터가 건배사에서 핵 문제를 빨리 해결하는 것이 북한에 좋은 일이라고 하자, 김영남은 제재는 곧 전쟁이라고 말하여 분위기가 싸늘해졌다. 김영남의 강경한 태도를 보고 걱정으로 잠을 설친 카터는 외교관 출신 수행원 크리크모어를 깨워 DMZ로 보냈다. 그곳에서 대기하다

---

88 정종욱,『정종욱 외교비록』, 87-88쪽.

가 신호를 보내면 백악관에 연락하여 갈루치-강석주 사이 제3단계 북미회담을 제안할 수 있는 권한을 달라고 이야기하라는 것이었다.[89] 카터는 양보의 한 수를 마련하려고 한 것이다.

그러나 마침내 김일성 주석을 만났을 때 분위기는 걱정과 달리 우호적이었다. 김 주석은 마치 오랜 친구를 만난 것처럼 다정하게 굴었다. 카터 전임 대통령은 정부 대표가 아니라 개인 자격이라는 것을 분명히 말하고, 두 나라 사이 정치체제가 다르다고 우호 관계를 쌓는 데 장애가 되지 않는다고 말했다. 김 주석은 외교 관계에는 상호 존중이 중요하다고 말하며, 특히 신뢰의 부족이 가장 큰 문제라고 했다. 이어 자신이 누차 북한은 핵무기를 제조할 능력도 필요도 없다고 말했으나 누구도 믿지 않는다며 불평했다. 그리고 경수로를 확보하고자 한 북한의 노력을 길게 설명했다. 경제 성장을 위해 전기가 필요하며, 전기생산을 위해 원자력 발전이 필요하다고 했다. 따라서 미국이 경수로를 보유하도록 도와주면 북한은 현재의 원자로를 폐쇄하고 NPT로 복귀할 것이라고 했다. 더는 투명성이 문제가 되지 않을 것이라고 하여 특별사찰의 수용도 암시했다. 그런 내용을 에커먼 의원, 그레이엄 목사, 윌리엄 테일러, 셀릭 해리슨 등에도 이미 말했다고 했다.[90]

카터는 갈루치가 정리해준 발언 요지를 짚어가며 두 가지 점을 확인하고자

---

89 Oberdorfer, *The Two Koreas*, p. 327; 위트 외, 『북핵 위기의 전말』, 273쪽.

90 워싱턴 포스트 기자 출신으로 카네기 국제평화재단 연구원으로 있던 해리슨(Selig Harrison)은 드문 북한통 미국인이었다. 그는 6월 4일 북한을 방문하여 강석주 등을 만나고 6월 9일에는 김일성을 만났다. 그때 그는 경수로 제공과 북한 핵의 동결이라는 아이디어를 제안했다. 이후 미국에 돌아와 6월 15일 국무부의 허바드를 만나 그 내용을 전했으나, 당시 상황은 너무나 급박히 또 고위급에서 돌아가고 있어 허바드 차원에서 바꿀 수는 없었다. 위트 외, 『북핵 위기의 전말』, 260-261쪽; Oberdorfer, *The Two Koreas*, p. 322.

했다. 첫째, 제3단계 북미회담이 끝날 때까지 북한의 핵 활동을 동결할 용의가 있는지, 둘째, IAEA 사찰단이 평양에 잔류하도록 허용할지 여부였다. 김일성은 사찰단 잔류 문제는 잘 모르는 듯 배석한 강석주를 불러 사정을 묻고 즉석에서 잔류를 허락하라고 지시했다. 김일성과 강석주의 주가가 동시에 확인됐다.[91]

오전 김일성과 큰 틀에서, 그러나 애매하게 이야기를 나눈 카터는 오후에 강석주와 세부적 논의에 들어갔다. 핵심은 경수로 제공과 북한 핵 활동의 동결을 맞교환하는 것이었다. 미국의 핵 안전 보장은 북한의 처지에서 큰 문제일지 몰라도 미국에 문제될 것은 없었다. 작은 문제지만 그 순간에 결정적인 문제는 IAEA 사찰단의 잔류 여부였다. 그 점은 김일성이 확인했기 때문에 카터는 그것으로 됐다고 생각했다. 그런데 이 모든 것은 카터가 개인 자격에서 한 것이었다. 클린턴 행정부가 수락할지는 미지수였다. 그래서 카터가 동원한 수단이, 미리부터 염두에 두고 베이징에서 오도록 조치해둔, CNN과의 생방송 인터뷰였다.

한국 시각으로 6월 16일 저녁, 워싱턴 시각 같은 날 아침, 백악관의 각료회의실에는 위기가 닥치면서 거의 매일 열리던 수장 위원회가 열리고 있었다. 그날 회의는 특히 중요했다. 이틀 전 회의에서 '오시라크 옵션'을 검토할 정도로 한반도의 긴장이 높아지고 있었다. 그에 따라 그날 대통령은 국방부에서 제안하는 한반도 군사력 증강 계획을 검토하고 승인할 예정이었던 것이었다. 크리스토퍼 국무장관과 갈루치 차관보 등은 페리 국방부 장관, 샬리카쉬빌리 합참

91 Oberdorfer, *The Two Koreas*, p. 328.

의장 등과 조찬을 함께하며 대통령에게 제출할 보고서의 초안을 검토했다. 회의에 참석하기 전 클린턴 대통령은 오시라크 옵션 등을 포함한 보고서를 검토했다.

회의가 시작되고 페리 장관과 샬리카쉬빌리 합참의장이 적게는 2천 명, 많게는 5만 명에 이르는 병력 증강의 세 가지 대안에 대해 보고하기 시작했다.[92] 이때 페리 장관은 미국의 군사력 증강이 분명 방어적인 조치지만 북한에는 공격적 조치로 보여 의도하지 않은 갈등을 초래할 위험을 『8월의 대포』를 인용하여 경고했다.[93] 회의가 한 시간 넘게 진행되던 중 대통령의 비서가 카터 전임 대통령이 전화했다고 전했다. 클린턴이 일어서려는 찰나 통화를 원하는 상대는 갈루치라고 했다. 갈루치가 옆 방으로 가서 전화를 받았다. 카터는 다짜고짜 북한이 IAEA 사찰단의 잔류를 허용할 것이니 미국은 제재 계획을 철회하고 대화를 재개하는 것이 어떠냐고 물었다. 갈루치는 자기가 결정할 수 있는 문제가 아니라고 했고 옆 방에서 회의가 진행 중이라고 했다. 카터는 회의가 끝나면 전화를 달라고 했는데, 갈루치는 자신이 전화할 방법이 없으니 다시 전화를 달라고 했다. 통화가 끝날 무렵, 카터는 지나가는 말투로 곧 CNN 생방송에 나갈 것이라고 했다.

갈루치가 회의장에 돌아와 전화 내용을 보고하자 그가 받은 첫 번째 질문은

---

92 그때 국방부가 마련한 세 가지 대안은 (1) 대규모 증원을 준비할 2천 명의 병력을 즉각 파견, (2) 전술 항공기, F-117 전폭기, 장거리 폭격기, 추가적인 항공모함 전대, 1만 명의 병력 증원, (3) (2)안의 전력증강에 더해 병력 5만 명 추가 증원이었다. 페리 장관은 두 번째 안을 제안할 예정이었고, 클린턴 대통령은 군이 반대하지 않고 승인할 예정이었다. Oberdorfer, *The Two Koreas*, pp. 324-325.

93 위트 외, 『북핵 위기의 전말』, 278쪽.

협상의 내용에 대해서가 아니었다. 레이크 안보보좌관이, 이어 크리스토퍼 국무장관이 CNN에 나가겠다는 카터를 말렸는지를 물었다. 갈루치가 그렇게 하지 못했다고 하자 회의장 분위기는 싸늘하게 식었다가, 곧 격앙됐다. 대통령이하 모든 각료가 모여 회의하는 중에 전임 대통령이 이처럼 독자적으로 움직이는 것은 거의 반역에 가까운 행동이라며 성토했다. 대통령과 부통령이 성토는 그만하고 대책을 찾으라고 하면서 분위기가 가라앉았다. 일정이 있어 자리를 뜬 대통령을 제외하고 나머지는 모두 옆 방에 모여 TV를 시청했다.

CNN 생방송으로 진행된 인터뷰에서 카터는 현재의 위기가 해소될 수 있으며 그것은 자신이 끌어낸 북한의 양보 덕분이라는 식으로 시작했다. 북한이 IAEA 사찰단을 추방하지 않고 장비도 그대로 두기로 양보했다고 한 것이다. 나아가 북한은 신형 경수로를 제공하면 문제가 된 구형 원자로를 폐기할 용의가 있다고 했으며, 지금까지 위기의 중심에 있던 북한 핵문제의 '투명성' 문제도 해결될 수 있다고 했다. 문제를 이처럼 위기 국면으로 몰고 간 것이 클린턴 행정부가 제재를 추진한 것 때문이라며 비판하고, 자기가 이처럼 긍정적 역할을 했으니 그것을 다져 결과를 얻어내는 것은 클린턴 행정부가 하기 나름이라고 했다.

그것은 정말 김이 빠지는 행동이었다. 미국 정부의 각 부처가, 비용이 큰 군사력을 포함하여, 사용할 수 있는 온갖 자원을 동원하고, 세계 각국 정부와 국제기구가 동원할 수 있는 국제법적 명분과 제도를 동원하여 북한을 궁지로 몰았는데, 한 개인이 턱없이 샛문을 열어준 격이었다. 압력밥솥이 끓고 쌀이 익어 밥이 되려는 찰나에 김을 뺀 것이나 다름없었다. 게다가 새로운 내용이 없었다. 이미 일주일 전에 강석주는 같은 내용의 메시지를 전달하고 있었던 것이었다.

그때 클린턴 대통령이 1962년 쿠바 미사일 위기 사례를 환기했다. 당시 미국 정부는 소련 공산당 서기장 니키타 흐루쇼프로부터 하나는 온건하고 다른 하나는 강경한 내용의, 2건의 메시지를 받고 당황해하고 있었다. 궁리 끝에 강경한 내용의 메시지는 없는 것으로 무시하고 온건한 내용의 메시지에만 답을 보내는 형식으로 상황을 무마하고, 결과적으로 좋은 결과를 얻었었다. 그 말에 따라 모여 있던 사람들은 카터가 전한 내용 중 좋은 내용만 따서 문서로 만들기로 했다.[94] 갈루치가 그 책임을 맡아 경수로 제공 약속과 기존 핵시설의 동결을 문서로 정리하는 한편 (1) 북한은 연료봉을 꺼낸 5MW 원자로에 새로 연료를 장착하지 않는다, (2) 꺼낸 연료봉을 재처리하지 않는다는 조건을 더했다. 카터는 새로 추가된 조건에 크게 반발했지만, 의외로 북한이 크게 문제 삼지 않아 회담을 파탄 내지는 않았다.[95]

이렇게 큰 그림이 그려졌지만, 그 큰 그림이 정치적 지지를 받을지, 또 그 큰 그림이 세부적으로 어떻게 실천될지는 전혀 별개의 문제였다. 이튿날 17일, 김일성 주석은 카터 전임 대통령을 부부동반으로 대동강 유람선에 초청했다. 그 자리에 두 가지 의미 있는 결론이 도출됐다. 하나는 미국과 북한 사이 전체적 관계 개선을 위해 한국전쟁 당시 전사한 미군의 유해를 공동 발굴하기로 한 것이다. 다른 하나는 남한의 김영삼 대통령이 취임사에서 "언제 어디서도" 정상회담을 하겠다고 한 데 호응하여 남북정상회담을 하겠다는 것이었다.

개인 자격을 자처하며 북한을 방문한 카터 전임 대통령이 김일성 주석과 면

---

94   앞의 책, 279쪽; Oberdofer, *The Two Koreas*, p. 331.
95   위트 외, 『북핵 위기의 전말』, 280쪽.

담하고 첨예한 현안인 북핵 문제에 대해 합의를 하고, 그것을 생방송으로 터뜨림으로써 미국 현대사에 가장 위험한 사건인 동시에 가장 예외적인 사건 하나를 만들었다. 그런데 따지고 보면 북한은 6월 초 점증하는 외교적, 군사적 압박에 큰 부담을 느끼고, 그에 따라 양보할 태세가 돼 있었다. 카터가 방북하기 일주일 전 해리슨을 통해 유화적인 메시지를 보냈을뿐더러 바로 그 무렵 강석주가 IAEA 사찰단의 잔류와 사용 후 연료봉의 측정을 허락하겠다는 뜻을 밝히기도 했던 것이었다.[96] 요컨대, 북한은 미국이 군사력 증강을 가속하고 중국조차 거부권 사용을 하지 않겠다고 통보하는 등 전방위적 압박을 맞이하여 타협할 태세가 돼 있었다고 볼 수 있다. 강압 외교의 교범에 따르면 그때 필요한 것은 상대가 체면을 유지할 수 있는 돌파구를 제시하는 것이고, 카터의 방북은 정확히 그 목적을 위한 것이었다.[97] 그런데 카터는 CNN과 생방송 인터뷰를 하여 자기가 한 일을 기정사실로 만들었다. 그처럼 행정부에 선택의 여지를 남기지 않은 것은 주제넘고 쓸데없는 일이었다.[98]

　　바로 그런 생각에서 카터가 방북을 끝내고 서울에 들러 청와대를 방문했을

96　앞의 책, 280-281쪽.

97　당시 미국 정부는 그것을 '루돌프 헤스' 해법이라며 필요성을 인정하고 있었다. 앞의 책, 230-231, 250쪽. 강압 외교를 이론화한 알렉산더 조지에 따르면 상대가 체면을 유지한 채 물러날 수 있도록 하는 것은 강압 외교의 핵심적 요소의 하나이다. 다만 그 시점이 매우 중요하다. George, *Forceful Persuasion*.

98　카터의 역할에 대한 평가는 그때나 지금이나 논쟁거리다. 한편으로 그가 역할을 하지 않았더라면 한반도는 60년 만에 다시 전쟁의 소용돌이에 말려들었을 것이라는 평가가 있다. 다른 한편으로 그가 아니었더라면 적어도 북한으로부터 더 확실한 양보를 얻어내고, 아니라면 북한이 가장 약세에 몰렸을 때 군사적 작전으로 한반도의 통일과 항구적 평화를 가져왔을 것이라는 평가도 있다. 모두 가상사실적(counter-factual) 가설에 불과하므로 이 글의 말미에서 후지적 평가와 선지적 전망으로 종합하고자 한다.

때 김영삼 대통령은 별로 기분이 좋지 않았다. 한반도 문제가 자신이 아닌 다른 사람의 손에 좌우되는 것도 싫었거니와, 별로 인기가 없는 민간인 카터가 나선 것은 더욱 못마땅했다. 그런데 카터가 김일성이 정상회담을 수락했다는 소식을 전하자 태도가 급변했다. 자신이 그 소식을 발표해도 되는지 카터의 동의를 구한 후, 공보수석을 불러 그 소식을 발표하게 했다. 한국에서 북한의 핵 문제는, 적어도 당분간, 사라졌다.[99] 그리고 세계적 차원에서 북한 핵 문제를 둘러싼 위기는, 적어도 당분간, 가라앉았다.

5. 운명의 장난?

가. 제3단계 북미회담 (1994. 7. 8.)

카터 전임 대통령의 활약을 후일 역사가 뭐라고 평가하든, 당시 미국에서 카터 전임 대통령과 클린턴 현임 대통령은 함께, 좌와 우에서 동시에, 비판을 받았다. 클린턴을 반대하던 공화당 보수파가 보기에 카터의 활동은 안 그래도 단호하지 못하던 클린턴이 그나마 쌓아가던 압박에 김을 빼는 황당한 행동이었다. 클린턴 지지파가 보기에도 카터의 주제넘은 활동은 클린턴을 더욱 궁지에 빠뜨리는 이적행위였다. 그래서 카터는 귀국길에 들린 워싱턴에서 클린턴을 만나지도 못했다. 그렇더라도 전직 대통령이 TV 생방송을 통해 던진 것은 기정사실이었다. 그것을 뒤집기는커녕 새로운 출발점으로 삼아야 했다. 그래

---

99   Oberdorfer, *The Two Koreas*, p. 334.

서 클린턴 행정부는 카터가 얻어낸 것을 협상을 통해 다지려고 부산했다. 지금까지 미뤄졌던 제3단계 북미회담 날짜와 장소가 7월 8일 제네바로 정해졌다. 북한이 핵 활동을 동결하고 미국이 그 대가로 경수로를 제공하는 것은 기정사실이 됐다. 정확히 핵 활동의 동결 내용을 어떻게 정의하고 협상을 통해 결실을 얻을지가 핵심 문제가 됐다. 특히 막 인출작업을 끝내 수조에 보관하고 있는 8천여 개 연료봉 처리 문제가 초미의 관심사로 떠올랐다. 북한은 연료봉 속 플루토늄의 핵붕괴가 일어나 조만간 재처리해야 한다고 주장하고 있었다. 그러면 다수의 핵탄두를 만들 수 있는 플루토늄을 확보할 수 있다는 소리였다. 이처럼 '미래의 핵 문제'가 급부상하면서 북한이 과거 비밀 재처리 활동을 통해 핵탄두 1~2개 분량의 플루토늄을 확보했을지 모른다는 문제, 즉 '과거의 핵 문제'는 뒷전으로 밀렸다. 6월 30일 열린 수장 위원회는 6개월 안에 북한이 비확산 관련 모든 의무를 준수하고, 모든 원자로 건설을 중단, 동결하고 사용후 연료를 제3국으로 이전하는 것을 목표로 정했다.[100]

　　7월 8일 제네바. 온갖 우여곡절 끝에 근 일 년 만에 다시 만난 갈루치와 강석주는 서로 반가웠고 들떠 있었다. 강석주는 대뜸 경수로부터 꺼냈다. 그리고 미북 사이의 적대적 관계의 해소, 또 IAEA 안전조치의 "공정한 적용"을 강조했다. 오후 회의에서 강석주는 더 구체적인 그림을 내보였다. 첫째, 미국이 경수로 제공을 약속한다면 문제시되고 있는 5MW 원자로를, IAEA의 사찰 하에, 재가동하겠다고 했다. 단, 경수로가 완성될 시점에 이 원자로와 그때쯤 완공될 2기의 원자로를 동결하겠다고 했다.

100　위트 외, 『북핵 위기의 전말』, 303쪽.

갈루치는 이 주장이 카터-김일성 면담 후 미국이 정리한 메모에 배치되는 내용이었으므로 고려할 가치가 없다고 생각했다. 대신 미국의 확실한 카드로 이미 사문화되다시피 한 일괄 타결에서 새로 끄집어낸 아이디어를 제시했다. 즉, 북한이 큰 그림에서 협력하면 정치, 경제, 안보, 에너지 등 전 분야에서 다양한 보상을 한다는 유인책이었다. 단, 사용 후 연료와 관련하여 임박한 조치에 대해 북한이 협력한다는 전제 위에서였다. 강석주는 크게 고무된 것처럼 보였다. 본부에 보고하고 훈령에 따라 태도를 밝히겠다고 했다. 그러면서 사용 후 연료에 대해서는 재처리 후 해외 판매, 장기 보관, 해외 반출 등 모든 방법을 검토할 용의가 있다고 말했다.[101] 분위기는 좋았다.

나. 남북정상회담의 희망과 사망, 그리고 조문 파동

김영삼 대통령은 카터 전임 대통령을 좋아하지 않았고, 그가 북한을 방문하는 것도 좋아하지 않았고, 경수로 제공과 핵 동결을 교환한다는 거래를 좋아하지도 않았다. 그래서 6월 18일 오찬에서 카터를 만났을 때 심드렁했다. 그러다가 카터가 김일성이 정상회담에 동의했다는 소식을 전하자 태도가 급변했다. "그가 직접 한 말"인지를 거듭 확인하고, 그 내용은 우리가 발표하겠다고 카터의 양해를 구하고 주돈식 공보수석을 불러 발표하도록 했다. 카터 대통령을 통한 정상회담 제안을 환영하며, 가급적 이른 시일 내 그 준비를 위한 예비회담을 제의한다는 내용이었다. 다음 날 북한이 바로 응답하여 6월 28일 예비회담이 판문점에서 열렸다. 불과 3개월 전 특사 교환을 위한 실무회담에서 "불바

---

101 앞의 책, 308쪽.

다" 운운했던 것에 비하면 파격적인 흐름이었다. 북측에서 김용순 비서, 남측에서 이홍구 부총리를 단장으로 하는 예비회담은 순조로웠다. 가능한 한 빨리, 이왕이면 7월 중으로 만나자는 남측 제안을 북한이 수용했다. 장소는 북한이 평양으로 제안한 데 대해 남측이 쉽사리 수용했다. 단, 회담을 일회성이 아니라 지속해서 하자는 남측 주장에 대해 북측이 난색을 보였다. 그러다가 그 문제는 정상회담에서 양 정상이 논의하자고 했고, 김영삼 대통령이 수용하여 일사천리로 합의가 이루어졌다. 정상회담은 7월 25일부터 사흘간 평양에서 하기로 결정됐다.

김 대통령은 취임 후 1년 반 동안 북핵 문제가 가장 큰 외교적 현안이었던 사실을, 그리고 그것이 정상회담의 계기가 됐다는 것을 잊어버린 듯했다. 아니 그것이 어쨌거나 정상회담을 통해 해결할 수 있다고 믿은 듯했다. 일리가 없지 않았다. 모든 것은 남북 사이에 존재하는 비정상적 관계 때문에 빚어진 일이었다. 특별사찰이며, 연료봉 인출이며, 연료봉의 재처리 문제 따위는, 사소한 매듭에 불과했다. 남들은 도저히 풀 수 없는 '고르디우스의 매듭'이라고 하겠지만 김 대통령이 김 주석을 만나기만 하면 알렉산더 대왕처럼 단칼에 잘라버릴 자신이 있었다. 게다가 김 주석은 부친과 동갑인 만 82세 노인이었다. 부친이 살아계신 데 군이 노인을 폄훼하는 건 아니지만 어쨌거나 기에서 눌리지 않을 자신이 있었다.[102]

그처럼 의욕에 찬 것은 김영삼 대통령만이 아니었다. 80대의 김일성 주석도 의욕적이었다. 연초부터 일선 업무에 복귀하여 왕성하게 활동했던 그는 남북 정상회담에도 큰 의욕을 가지고 사소한 일까지 챙겼다. 7월 7일 정상회담 장소로 정한 묘향산 초대소로 향했다. 가는 길에 몇 군데 현지 지도를 하기도 했다. 초대소에서는 정상회담 남측 인사가 묵을 방의 생수까지 챙기는 세심함을 보이기도 했다. 그런데 7월의 더운 날씨에 무리한 탓인지 가슴의 고통을 하면서 쓰러졌다. 경호팀이 의료진을 찾아 미친 듯이 움직였지만, 하필 소나기가 쏟아져 헬리콥터가 뜰 수 없었다. 묘향산으로 올라오는 산길은 포장이 되지 않아 지프는 헛바퀴만 돌았다. 7월 8일 새벽 2시, 뒤늦게 도착한 의료진이 가슴을 절개하는 등 마지막 노력을 기울인 끝에 '위대한 수령'의 사망을 진단했다. 북한은 이틀날 9일 12시 특별방송을 통해 그 사실을 알렸다.

극적인 세계적 안보 위기 와중에 극적인 돌파구를 마련했던 김일성 주석의 극적인 사망은 온 세계를 놀라게 했다. 그런 와중이라 그의 사망에 대한 전반적인 분위기는 (긍정적인 방향으로의 변화가 중단된 데 대한) 아쉬움이었다. 그리고 그 긍정적인 분위기가 반전될 때 닥쳐올 불확실성에 대한 불안이었다. 그래서 미국은 '북한 주민'에 대해 조의를 표명하기로 했다. G7 정상회의 참석차 이탈리아를 여행 중인 클린턴이 발표했다.[103] 제네바의 북한 대표부는 공관에 분향소를 차리고 미국 대표단을 초대했다. 갈루치는 분향은 했으나 절은 하지 않았다. 방명록에 "한국인들에 대한 동정심은 이루 말로 표현할 수 없다"라고 썼다.[104]

국가에 대한 것이 아니라 주민에 대한 것이라고는 했지만, 미국의 조의 표명은 한국전쟁에서 목숨을 잃은 5만 4천 명의 미군과 그 가족을 생각하면 신중하지 못했다.[105] 또 협상의 관점에서 현명하지도 못했다. 그런 역사적 배경

---

102 김영삼, 『김영삼 대통령 회고록』(상), 319-220쪽; 정종욱, 『정종욱 외교비록』, 79-80, 280쪽.

103 "합중국 국민을 대표하여 김일성 주석의 사망에 즈음하여 북한 주민에 진정한 조의를 표한다. 우리 두 정부 사이 대화를 재개하는 데 있어 그가 발휘한 지도력에 주목한다. 우리는 그 대화가 적절한 대로 계속될 것을 희망한다." Oberdorfer The Two Koreas, p. 343에서 인용.

104 위트 외, 『북핵 위기의 전말』, 315쪽.

에도 불구하고 이례적인 행동을 한 것은 북한과의 협상 중에 잘 보이려고 애쓴, 즉 약한 모습을 보인 셈이었다. 첨예한 협상의 와중에 약한 모습을 보이면 협상력의 약화로 연결될 것은 불문가지였다. 그리고, 앞으로 한국에서 벌어질 일을 생각하면 경솔하기까지 했다.

미국이 그렇게 움직이니 한국도 경동했다. 역사상 최초의 남북정상회담을 앞두고 그 당사자인 김 주석이 그렇게 사망하자 한국 사회의 일차적 반응은 '아쉽다'라는 것이었다. 김영삼 대통령은 두고두고 '아쉽다'라고 했다. 그런 분위기에 편승한, 결과적으로 경솔한 행동이 있었다. 7월 12일 진보정치인으로 남북관계에도 진보적인 소신이 있던 이부영 의원이 우리도 미국처럼 조문단을 보내자고 주장한 것이었다. 그 주장은 금방 고 김 주석이 조문을 받을 자격이 있는지, 나아가 도대체 그가 한국 역사에 어떤 의미를 지니는지를 둘러싼 논쟁으로 이어졌다. 이 문제는 대한민국의 정체성과 관련된 것이었으므로, 협상을 순조롭게 하려면 조의 표명이 필요하다고 '가볍게' 생각한 미국과 달리, 치열한 논쟁을 초래했다. 그럴 때 정부 내 보수파는 마침 6월 초 김 대통령이 러시아를 방문하여 받은 문서를 인용하여, 김 주석이 6·25 한국전쟁의 발발에 직접 책임이 있다고 발표했다. 마침내 정부는 총리를 통해 김 주석이 한국사에서 치명적 상처인 6·25 한국전쟁의 '원흉'이라고 발표해야 했다.[106]

"위대한 수령"이자 '국부'를 잃고 애도하는 북한이 볼 때 그 같은 논쟁은 황

---

105 미 상원 공화당 원내총무 밥 돌 상원의원이 그렇게 비판했다. 앞의 책, 316쪽; Oberdorfer *The Two Koreas*, p. 344.

106 정종욱 당시 외교안보수석에 따르면 김영삼 대통령이 수령한 외교문서는 세종연구소에서 러시아 교포인 유학구 박사가 번역하고 있었는데, 그 내용이 언론에 유출됨으로써 조문 파동과 겹친 것이지 정부가 의도한 것은 아니라고 한다. 정종욱, 『정종욱 외교비록』, 103쪽.

당할 따름이었다. 그리고 원흉이라는 결론은, 남북이 자리를 함께할 수 없다는 나름의 결론으로 이어지기에 이르렀다. 김 주석의 사망이야 자연적 사건이니 어쩔 수 없다고 하더라도,[107] 그 사건을 둘러싼 논쟁과 그에 따른 남북관계의 경색, 궁극적으로 제네바 합의를 둘러싼 한미 갈등은 이전에 일어난 일련의 사건에 이어진 경로의존적 사건이었다. 거꾸로 짚어가면 분명해진다. 카터의 방북에 따른 반전이 아니었더라면, 그리고 미국의 조문이 아니었더라면, 그의 사망에 대한 복합적인 반응을 초래하지는 않았을 것이었다. 아마 김일성의 직접 결정에 따른 북핵 문제와 그를 둘러싼 위기가 아니었더라면 카터는 북한을 가지 않았을 것이었다. 카터의 방북이라는 사건이 없었더라면, "위대한 수령" 김일성 주석의 사망이 한반도와 동북아 정세에 전혀 다른 결과로 작용할 수 있었다. 이처럼 역사의 흐름에 한두 개인의 의도나 행동이 미칠 수 있는 여지는 크지 않았다.

그래도 무시할 수 없는 것이 있다. 바로 역사에서 우연의 역할이다. 노령의 김일성 주석이 한여름 무더운 날씨에 무리한 결과 자연사하였다 하더라도 하필 왜 그때였던가? 그보다 한 달 빨라 카터 전임 대통령과 만남이 이루어지지 못했으면 어떻게 됐을까? 한 달 이상 늦어 역사적인 남북정상회담이 이루어졌더라면 어떻게 됐을까? 그가 그처럼 무리한 것이 첨예한 위기 속에 예정된 남북정상회담 때문이었다면, 남북관계 나아가 한민족의 운명이 그러했던 것일까? 정말 운명이 있는 걸까? 그래도 그의 사망은 어떻게 보면 북핵 문제의 대세에 영향을 주지 못했다. 달리 보면 결정적인 영향을 미쳤다.

---

107 당시 한미 양국의 정보당국은 김 주석의 사망이 "자연사가 아니라고 할 증거를 찾지 못했다"라고 결론지었다. 앞의 책, 99쪽.

Ⅵ. 제네바 합의, 1994년 8월~1994년 10월

역사적인 남북정상회담에 대한 기대로 들떴다가 김일성의 급서와 조문 파동으로 한국의 대북정책, 북핵정책은 공중에 떠 버렸다. 분위기는 대북강경론으로 굳어졌다. 그런 와중에 김정일의 권력 승계가 지연되고 있었다. 도대체 북한과 대화를, 특히 남북정상회담을 계속해야 할지, 하더라도 누구와 해야 할지 확실하지 않았다. 그런데 미국은 제네바회담을 속개할 태세였다. 김 주석의 사망 이후 조의 표명에서 엇갈렸던 양국의 대북 태도가 제네바회담의 재개, 나아가 북핵 문제의 해법을 둘러싸고 계속 엇갈려 나갔다. 7월 14일 한미 정상 간의 통화에서 김 대통령은 "좀 더 신중하고 참을성 있게 행동하자"라고 했다. 클린턴 대통령은 "북한이 안전 문제로 사용 후 연료봉을 재처리하겠다는 마당에 마냥 미룰 수는 없다"라고 응답했다. 미국은 카터-김일성 회담으로 마련된 동력을 살려 제네바회담을 마무리 짓고 싶었다.

1. 경수로 자금 마련

협상은 북한에 경수로를 제공한다는 '미래'에 대한 약속을 통해 일단 가동

중이거나 건설 중인 원자로를 동결하고, 지금 당장 할 수 있는 재처리를 하지 않는 것을 위주로 전개됐다. 미래의 행동에 대한 '약속'으로 현재의 '행동'을 유도하려면 그 약속이 믿을 만해야 했다. 가뜩이나 미국을 불신하는 북한이 어떻게 미국을 믿도록 할 것인가? 신뢰란 행동할 능력과 의지에 달려 있었다. 세계 제1의 경제 대국 미국이 경수로를 제공할 능력, 즉 자금과 기술이 없는 것은 아니었다. 문제는 의지였다. 아니 북한이 신뢰할만한 의지였다. 그 점에서 미국은 심각한 문제를 안고 있었다.

법적인 문제가 있었다. 6·25 한국전쟁 이래 북한은 적성 국가였고 미국에는 적성 국가와의 경제적 거래를 금지하는 법이 있었다. 나아가 정치적 문제가 있었다. 그 법의 예외를 만들려면 의회의 협조가 필요한데 의회는 전혀 협조적이지 않았다. 오히려 그 반대로 행동했다. 즉, 백악관에서 수장 위원회가 열려 북한과의 협상 대책을 논의한 7월 15일, 공화당이 다수를 차지한 상원은 '해외 원조법'을 수정하여 북한과의 협상에 제동을 걸었다. "북한이 핵무기를 보유하지 않고, 기존의 핵 프로그램을 중단하며, NPT 및 IAEA와의 안전협정에 따른 의무를 완전히 수행하고, 플루토늄과 미사일을 수출하지 않을 것"을 "대통령이 직접 보장하지 않는 한" 북한에 대한 지원을 금지하도록 한 것이었다. 그 법은 실행되지 않았지만, 그 의미는 분명했다. 미국 행정부는 북한에 대한 경제적 지원을 카드로 사용할 수 없다는 점이었다.[108]

그러니 미국 대통령이 전권(full powers)을 사용하여 믿을 만한 패키지를 만들어야 했다. 미합중국 대통령의 권력은 의회에 대해서는 제약이 있었지만, 소

---

108 위트 외, 『북핵 위기의 전말』, 324쪽.

련이 붕괴한 세계를 대상으로는 거의 무제한적이었다. 클린턴 행정부는 그 권력을 행사하기로 했다. 그 권력을 행사하여 북한에 경수로를 제공하는 현실성 있는 그림을 그리고 그것을 북한에 제시하기로 했다. 현실성 있는 그림이란 곧 돈이었다. 북한에 경수로를 제공하려면 40~50억 달러의 자금이 필요한 것으로 추산됐다. 그 정도 자금을 가진 나라, 그 돈을 내라고 요구해도 힘과 명분에서 어쩔 수 없는 나라를 상대로 미국의 힘을 행사해야 했다. 그런 나라는 당연히 한국이었다. 굳이 우기자면 일본도 있었다. 명분은 상대적으로 약했으나 돈은 많았으니까.

이처럼 돈이 있고 명분이 있는 나라, 또 미국의 뜻을 어길 수 없는 나라가 약속하면 법적인 조치가 없더라도 미국 대통령의 전권이 믿을 만한 것이 될 수 있었다. 그래서 7월 하순 갈루치 차관보가 거의 세계를 일주하는 여행에 올랐다.[109] 한국, 일본, 중국, 러시아 순이었다. 한미 양국 사이에는 이미 의견 교환이 있었고, 한승주 장관은 "한국 회사가 중심적 역할"을 하면 경수로 프로젝트에 재정 지원을 할 용의가 있다고 했었다. 갈루치를 만난 자리에서 김 대통령도 같은 취지의 말을 했다. 그리고 경수로 사업이 폭넓은 남북경제협력의 출발점이 될 수 있다고도 했다. 그런데 한국이 앞장서는 것이 당시의 남북관계 속에서 가능할 것인가? 그래서 미국 측은 미국 회사를 간판으로 하는 컨소시엄을 구성하고 그 속에서 한국이 실질적인 역할을 하는 아이디어를 냈고 한국이 수용했다. '한반도 에너지 개발기구'(KEDO)의 첫 발상이었다.

그러나 이견이 더 컸다. 우선 미국이 너무 서두른다는 것이 한국 측의 불만이

109 앞의 책, 324-28쪽.

었다. 아직 남북정상회담이 어떻게 될지 모르는 상황에서 북미회담을 하면 북한이 남북대화에 응할 유인이 떨어질 것이라고 우려했다. '슈퍼 화요일'이 어떻게 실패했는지 경험한 미국은 쉽사리 동의하지 않았다. 그래서 타협책으로 북미회담의 '개시'는 아니더라도 '합의'는 남북관계에 연계하는 데 동의했다.

일본은 큰 문제가 아니었다. 외무성은 다자간 컨소시엄에 참여함으로써 한반도 문제에 대한 발언권을 확보하는 데 적극적이었다. 다만 예산권을 가진 통상산업성이 동원할 예산이 마땅치 않다고 했지만, 그건 차후에 해결할 수 있는 문제였다. 당시의 중국에 재정적 지원을 기대할 수는 없었다. 단지 정치적 지지를 확보하는 것이 중요했다. 중국은 예의 태도, 즉 북한과의 대화에 더 큰 유연성을 보이라고 주문했다.

러시아는 딴지를 걸지 않으면 다행이었다. 사실 러시아는 김일성 생전에 북한에 경수로를 건설하는 프로젝트를 추진한 적이 있었다. 그러나 양쪽이 모두 돈이 없어 지지부진했다.[110] 이제 그 돈이 제3국에서 들어올 여지가 생겼으니 러시아, 특히 '미나톰'이 숟가락을 들고 덤벼드는 것이 당연했다.[111] 문제는 '물주', 즉 한국이 한국 기업의 중심적 역할을 원하니 통하지 않을 것이었다. 러시아의 협조가 필요한 미국 측은 프로젝트의 작은 부분을 러시아에 떼어주기로 했지만, 수십억 달러짜리를 꿈꾸던 미나톰이 수천만 달러짜리로 만족할지는 미지수였다.

어쨌거나 이제 재원이 마련됐으니 미국의 대통령이 그것을 기초로 북한에

---

110   이용준, 『북핵 30년의 허상과 진실』, 54-56쪽.
111   미나톰(Minatom)은 원자력부를 가리키는 말로 냉전 시대 막강한 기관이었으나, 소련의 붕괴와 탈냉전으로 말미암아 독자생존해야 하는 기업처럼 됐다.

정치적 보장을 해야 했다.

2. 제2차 제네바회담 (1994. 8. 5.~12.)

8월 5일 금요일, 김일성의 급서로 중단됐던 제3단계 북미회담이 제네바에서 재개됐다. 그사이 엄청난 변화가 있었으니만큼 북한의 태도가 변하지나 않았을지 걱정했으나 북한은 협상단의 구성에서 태도까지 변한 것이 없었다. 그래서 1주일간의 협상 끝에 12일 '합의성명문'을 발표했다. 그래도 그 협상 중 드러난 것이 있었다. 바로 북한의 새로운 협상 스타일이었다. 원래 북한 외교는 고함치고 욕설하는 식의 강짜 외교로 유명했다. 이번에는 전과 달리 실무적이었다. 대신 협상 사안을 잘게 쪼개 하나씩 협상하는 소위 '살라미 전술'을 구사했다.[112] 당연한 일이었다. 협상 자원이 적으면 쪼개서라도 쓸 수밖에 없었던 것이다.

협상 첫날 갈루치와 예비적 성격의 비공식 만남에서 강석주는 자신의 협상 카드 세 가지를 밝혔다. 첫째는 5~6월 5MW 원자로에서 꺼낸 사용 후 연료봉 8천여 개의 처리 문제였다. 둘째는 그 연료봉에서 핵탄두 4~5개 분량의 플루토늄을 추출할 수 있는 재처리시설 문제였다. 셋째는 북한의 과거 핵 활동을 밝혀줄 미신고 폐기물 저장소 두 곳에 대한 IAEA의 특별사찰이었다.[113] 그

---

112 정종욱 외교안보수석과 한승주 외무부 장관도 북한의 이러한 전술과 전략에 질려했다. 정종욱, 『정종욱 외교비록』, 117-118쪽; 한승주, 『외교의 길』, 91-92쪽.

113 Oberdorfer, *The Two Koreas*, pp. 351-352.

에 비해 갈루치의 주머니는 든든했다. 한국과 일본 양국의 재정 보증을 첨부한 클린턴 대통령의 경수로 제공에 대한 정치적 보증이 있었다. 뿐만이 아니었다. 북한이 간절히 원하는 정치적, 경제적 관계 개선, 나아가 군사적 보증도 있었다. 그것이라면 북한은 안보에 대한 불안 없이 국제사회의 인정을 받으며 경제 개발에 나설 수 있었다. 게다가 갈루치 스스로 느꼈듯이 북한은 6월의 위기에서 미국의 힘과 의지에 겁을 먹었던 것이 분명했다.[114]

이처럼 비대칭적인 협상 카드를 가진 강석주는 각 사안의 수락 여부, 방법, 시기 등으로 잘게 나눠 협상에 적용했다. 심지어 김일성-카터 사이에 합의했던 5MW 원자로의 동결도 무시하고 IAEA 사찰 아래 재가동하겠다며 협상 카드를 키웠다. 에너지 필요 때문이라며, 동결로 인한 에너지 손실에 대한 보상 요구도 키웠다. 반면 갈루치는 통 크게 나왔다. 경수로 공급에 대한 대통령의 보증각서와 관계 개선의 로드맵을 초반에 공개한 것이었다. 큰 당근을 제시하고 침이 고이게 하여 상대방의 양보를 유도하고자 한 것이다. 협상론의 관점에서 보면 갈루치의 방법은 좋은 것이 아니었다. 작은 카드를 많이 만든 북한과 달리 미국은 큰 카드를 한 장만 준비한 셈이었다. 그렇다면 미국의 선택지는 그 카드를 주거나 말거나 양단간, 즉 협상의 타결과 결렬 사이의 양자택일이었다. 그런데 미국은 협상의 성공에 목을 매달고 있는 모습을 이미 보여버렸다. 그런 미국을 상대로 북한은 많은 카드를 여유 있게 구사할 수 있었다.[115]

---

114 앞의 책, pp. 352-353.

115 이것은 필자의 평가이며 갈루치 등은 달리 평가한다. 큰 미끼를 미리 던지면 작은 일로 자존심 싸움을 벌이다가 협상을 망치는 일반적 경향, 양보하기로 한 것도 끝까지 물고 늘어지는 북한의 성향을 막고 북한 협상단이 본부에 더 큰 재량권을 요구할 수 있다고 평가한 것이다. 위트 외, 『북핵 위기의 전말』, 339쪽.

양측은 주말 이틀간의 휴회 후 월요일 다시 만났다. 강석주는 역시 카드를 한 장씩 내밀었다. 우선, 진행 중인 원자로 건설 작업을 각서를 수령하는 시점에 동결하겠다고 한 것이었다. 그건 큰 양보가 아니었다. 어차피 동결 또는 해체할 것이면 굳이 추가 자원을 투입하며 건설을 계속할 필요가 없었던 것이다. 그러고도 "자주적 경제정책의 변경"이라는 정치적 손실과 그것이 완성됐을 때 얻을 수 있는 에너지를 포기하는 것이니 큰 양보라고 했다. 그리고 바로 그 에너지 손실을 보전하기 위해 매년 50만 톤의 중유를 제공하라고 요구했다.

둘째, 미국이 해외로 반출하기를 원했던 사용 후 연료에 대해서는 미국의 "체면을 살려주기 위해" 미국 전문가들의 도움을 받아 핵붕괴를 막는 선에서 영변에 보관하겠다고 했다. 다만 재처리하지 않는다는 보증을 위해 각서의 수령 시점에 재처리 공장의 건설과 가동 자체를 동결하겠다고 했다.

셋째, 갈루치가 제시한 다국적 컨소시엄 아이디어를 수용했다. 다만 한국의 중심적 역할에는 단호히 반대했다. 한국이 그것을 "트로이의 목마"로 사용할 것이라고 우려했다. 트로이의 목마라는 비유를 모르는 듯 북한 측 다른 인사들은 어리둥절했다.[116]

사실 중요한 것은 양보한 것이 없었다. 원자로 건설 중단이 대단한 양보가 아닌 것은 이미 지적했거니와, 5MW 원자로를 계속 가동하겠다고 했으니 플루토늄은 계속 생산할 것이었다. 연료봉 해외 반출도 반대했다. 그리고 특별 사찰은 아예 언급하지도 않았다. 그래도 미국 측은 만족했다. 연료봉 반출과 5MW 원자로 재가동을 연계하여 북한 내부 플루토늄의 총량을 동결하자는

---

116 위트 외, 『북핵 위기의 전말』, 334-335쪽.

안까지 나왔다. 그나마 그것만이라도 문서로 다져놓자는 생각에 양측의 부대표 허바드와 김계관이 '합의성명문'을 다듬었다. 그리고 12일 자정을 넘겨 발표했다. 4개의 조항으로 구성된 이 문서는 합의문(agreed to)이 아니라 의향서(prepared to)였다. 즉,

(1) 북한은 건설 중인 흑연감속로 원자로 2기를 포기하고 미국은 이를 대체할 1천 MW급 경수로 2기의 건설을 지원하여 잠정적 에너지 손실을 보전할 의향이 있다. 북한은 이에 대한 미국의 보증서를 받는 즉시 원자로 건설을 동결하고 재처리를 포기하며, 방사화학실험실을 봉인하고 IAEA의 안전조치를 받을 의향이 있다;

(2) 양국의 정치적 및 경제적 관계를 정상화하는 조치로 양국의 수도에 외교사절을 두고 무역 및 투자 장벽을 낮추어갈 의향이 있다;

(3) 미국은 북한에 핵무기의 사용 또는 위협을 하지 않을 것이라는 보증을 하고 북한은 한반도 비핵화에 관한 남북공동선언을 이행할 의향이 있다;

(4) 북한은 NPT에 잔류하고 조약에 따른 안전조치 의무를 이행할 의향이 있다.

이어 양측은 9월 23일 제3차 회담을 제네바에서 열고, 그사이 경수로 제공, 사용 후 연료 처리, 대체 에너지, 연락사무소 설치 등 여러 문제를 논의하기 위한 실무회담을 개최하기로 했다.

미국의 행정부와 협상팀은 북한의 플루토늄 추가 생산을 막는 데 초점을 두고 대체로 만족했다. 그런데 언론과 한국 정부는 양국의 관계 개선에 주목했다.[117] 특히 한국은 그 속도가 너무 빠르다는 데 대해 불만이 컸다. 클린턴 대통령과의 통화에서 김영삼 대통령은 김정일이 한동안 공개석상에 나타나지

않았다는 것을 지적하면서 북한과 합의를 서두르는 것은 현명한 것이 아니라고 주장했다. 그리고 북한의 정세가 불확실한 만큼 한미 양국이 더 긴밀하게 협력할 필요가 있다고 강조했다.[118] 그래도 김 대통령은 일단 광복절 축사에서 남북한 공동발전계획을 이야기하고 경수로 사업이 그 첫 사업이 될 수 있다고 했다. 그리고 북한이 '핵 활동 투명성'을 보장하고 비핵화 공동선언을 이행할 것을 촉구했다.

돌이켜 보건대 미국의 대북정책은 핵 문제를 일단 미봉하고 북한과의 관계 개선을 통해 국제사회의 빛을 쪼이면 북한이 정상국가로 변환할 수 있다는 일종의 포용정책, 혹은 나중에 김대중 정부가 추진한 '햇볕정책'의 전제를 수용한 것이었다. 따지고 보면 김영삼 정부의 초기 정책도 그와 다르지 않았고 김 대통령의 경축사도 같은 맥락이었다. 그런데 김 대통령은 불안했다. 북한이 속임수를 써서 핵무기를 개발하여 한국의 안보를 위협하고 그러면서 미국과의 관계 개선을 통해 한미관계를 이간하면 한국의 안보는 최악이 될 것이었다. 게다가 한국이 경수로 건설에 필요한 금액 대부분을 담당하는 '바가지'를 쓰게 될지도 몰랐다. 다른 이면에는, 일종의 '희망적 사고'가 있었다.[119] 탈냉전으로 곳곳의 구사회주의권 국가가 붕괴하는 가운데 최후로 버티던 북한이 버팀목, 즉 김일성 주석을 잃었으니 북한 체제도 곧 붕괴할 것이라는 판단 또는 희망

---

117 예로 Alan Riding, "U.S. and North Korea Say They'll Seek Diplomatic Links," *New York Times*, August 13, 1994.

118 위트 외, 『북핵 위기의 전말』, 341쪽.

119 희망적 사고(wishful thinking)란 어떤 일이 일어나기를 희망하는 것과 그 일이 일어나는 것은 별개의 것임에도 불구하고 희망하는 일이 일어날 확률을 과대평가하는 인지심리적 편향을 의미한다.

이 있었다. 그래서 북한의 온갖 현상이 붕괴의 징후로 보였다. 그럴 때 미북 관계의 개선은 넘어가는 북한의 수명을 늘리는 일이 될 수도 있다고 본 것이었다. 국내 온갖 보수 언론과 논객이 그런 쪽으로의 판단을 부추겼다.

3. 한미의 균열과 제네바 합의 (1994. 9. 23.~10. 21.)

미국은 경수로 제공의 가장 큰 물주인 김영삼 대통령의 마음이 흔들리는 것을 보고 북미합의를 서둘러 기정사실로 만들기로 했다. 아울러 한국형 경수로도 확실히 못 박을 필요가 있었다. 그러던 중 9월 12일 경수로 제공을 논의하기 위한 실무회담이 4일 일정으로 베를린에서 열렸다. 미국 측의 수석대표는 갈루치의 협상팀에 참여해온 원자력 전문가 개리 세이모어였다. 북한 측 수석대표는 전혀 본 적이 없는 김정우라는 인물이었다. 미국이 북한으로 하여금 한국형 경수로를 수용하도록 할 생각으로 회담에 참여했다면, 북한은 한국형 경수로 채택을 거부하기 위해 참여한 것 같았다. 김정우는 여러 가지 주장을 억지스럽게 펼치고 다녀 회의는 별 실속이 없었다. 미국이 경수로 제공은 KEDO를 통해 이루어질 것이라는 점을 확인시켰고 북한이 원하는 중유의 양이 연간 50만 톤이라는 것을 확인한 것이 성과라면 성과였다.

한편, 9월 초 한승주 장관이 워싱턴을 방문했다. 경수로 공급의 재정보증 협의를 위해서였지만 동시에 그것을 빌미로 미국에 단단히 재갈을 물리겠다고 다짐했다. 미국은 녹록하지 않았다. 크리스토퍼 국무장관은 경수로 공급에 대한 대통령 각서의 초안을 제시했다. 한국형 경수로와 핵 투명성에 대한 언급이 없었다. 한 장관의 항의를 받고 미국 측은 순순히 양보했다. 반면 남북대화와 북미대화가 '동반 진전'해야 한다는 한 장관의 주장은 씨도 먹히지 않았다. 미국 측은 이제 북미대화와 남북대화의 연계라면 치를 떨고 있었다. 국무부 건물 로비에서 열린 기자회견에서 한 장관은 "남북관계의 진전과 북미대화가 함께 이루어지는 것이 중요하다는 것을 재확인했다"라고 했다. 크리스토퍼 장관은 남북 간의 직접 대화가 없으면 북미관계가 "제 모양을 갖추지 못하고" 핵 문제의 "최종 해결"이 어려울 것이라고 에둘러 말했다. 그 어정쩡한 표현에 한국은 여전히 불안해하고 북한은 화를 냈다.[120]

이후 갈루치가 다시 아시아에 갔다. 재정보증서를 받기 위해서였다. 이번에는 일본이 먼저였다. 일본은 문제가 없었다. 기꺼이 보장하겠다며 "우리는 같은 팀의 일원"이라며 미국 측 인사들을 감동하게 했다. 대신 북한에 대한 안전 보장이 미국이 일본에 제공하는 핵우산을 약화할지도 모른다고 크게 우려하여 그 문제를 한 번도 생각지 못했던 갈루치를 당황하게 했다. 갈루치는 북한에 대한 보장이란 먼저 공격하지 않겠다는 소극적 안전 보장이지 북한이 선제 공격해도 반격하지 않겠다는 뜻이 아니라고 설명하느라 애를 먹었다.

그래도 만족스러웠던 일본 방문을 마치고 한국에 도착했을 때 상황은 엉망이었다. 한국형 경수로가 채택되지 않더라도 한국이 경수로 비용을 부담해야 한다는 미국 측 요구가 언론에 유출된 것이었다. 미국이 한국 돈으로 미국 기업 장사를 시켜준다는 식의 인식으로 여론이 들끓고 있었다.

외무성 방문만으로 목적을 달성한 일본과 달리 한국은 대통령의 결심을 얻

---

120 위트 외, 『북핵 위기의 전말』, 352쪽.

어야 했다. 그래서 9월 16일 갈루치는 레이니 대사, NSC 소속의 대니얼 폰먼과 함께 청와대를 찾았다. 김 대통령은 여전히 서둘 필요가 없다고 했다. 북한의 권력 승계가 이루어지지 않은 것을 지적하며 시간은 우리 편이라고 했다. 미국 측은 미북협상은 자전거와 같아 전진하지 않으면 넘어진다고 하며 협상을 계속하는 것이 중요하다고 강조했다. 그리고 북한에 남북대화에 응하라고 종용하고 있다고 했다. 김 대통령은 북한은 단 한 가지 약속도 지킨 것이 없다며 연일 자신을 비난하는 것에 대한 불쾌감도 감추지 않았다. 갈루치는 다음 회담이 일주일 후임을 상기하고, 협상 속도를 조절할 수 있으나 협상이 결렬되면 "안보리"로 귀결하게 될 것이라며 위기의 재연 가능성을 넌지시 언급했다.

한승주 장관은 경수로 프로젝트가 남북대화의 수단이요, 한국 기업에는 경제적 기회이며, 길게 보아 통일 비용을 절감하는 방법이라고 설득했다. 그러나 그런 한 장관의 입장은 이제 소수였다. 그런데 한국이 얼마나 부담할 것인가? 한 장관은 70% 정도라고 했다. 그 정도라면 한국의 중심적 역할을 지키는 데 무리가 없을 것이라고 본 것이었다.

*　　*　　*

9월 23일 제네바에서 속개된 회담은 역시 시작부터 격렬했다. 회담이 열리기 직전 항공모함 키티호크함이 동북아지역에 배치됐다. 그리고 미 태평양함대 사령관 론 즐라테이퍼(Ron Zlatapor) 제독이 미군 일간지에 그 사실을 밝히면서 제네바에서 열리는 북미회담을 힘으로 지원하기 위한 것이라고 했다. 쓸데없는 과장이었다. 키티호크함은 오래전에 결정된 일정에 따라 훈련차 그곳에

간 것이었다. 북한이 즐라테이퍼의 말을 믿고 화가 난 것인지, 아니면 정기일 정인 줄 알면서도 일부러 그런지 몰라도 강석주는 그것을 협상에 이용하고자 했다. 즉, 북한의 주장이나 요청을 거부할 때마다 갈루치와 미국이 협상에는 관심이 없고 전쟁 준비를 위한 명분 쌓기에만 열중한다며 빈정거렸다. 참다못한 갈루치가 "우리나라가 당신 나라와 전쟁을 하는데 군이 준비할 필요도 없다"라고 쏘아붙였다. 강석주는 큰 충격을 받았다.[121]

그런 분위기 속에서 협상은 지지부진했다. 다뤄야 할 사안이 많은데 사안마다 다투었다. 강석주는 여전히 경수로 제공의 대가로 동결하는 것은 건설 중인 2개의 원자로일 뿐 5MW 원자로는 재가동하겠다고 했다. 동결하고 해체하는 시점에 대해서도 다퉜다. 사용 후 연료봉의 해외 반출은 아예 논외라고 못박았다. 다양한 협상 카드를 가지지 못한 미국은 계속 끌려갔다. 지금보다 더 많은 플루토늄을 생산하게 하느니 차라리 현재 가지고 있는 플루토늄의 수준에서 유지하는 게 낫다는 쪽으로 기울었다. 다시 말해 5MW 원자로 가동을 중지시킬 수 있으면 사용 후 연료봉의 해외 반출을 양보할 수 있다는 식으로 기운 것이었다.

특별사찰 문제도 마찬가지였다. 북측은 '특별사찰'이란 표현 자체에 거부감을 보였다. 북한 군부가 이례적으로 성명을 발표하여 "특별사찰이라는 미명으로 군사시설을 공개하려는 어떠한 시도도 용납할 수 없다"라고 했다. 강석주는 거봐라는 식으로 반응했다. 이처럼 완강한 북한의 태도에 대해 미국이 할 수 있는 일은 협상의 결렬을 암시하는 것밖에 없었다. 실제로 갈루치는 협상

---

121 앞의 책, 360쪽.

타결의 기대를 접고 폐회사를 준비했다. 그런데 워싱턴에서 더 협상하라는 훈령이 왔다. 다시 속개된 회담에서 북한 측이 조금이라도 양보하면 미국 측은 기뻤다. 강석주는 특별사찰의 시점을 미루고 특별사찰이라는 표현을 모호하게 쓴다면 5MW 원자로의 가동 문제는 양보할 수 있다는 식으로 나왔다. 갈루치는 큰 진전이라고 생각하고, 폐회가 아닌 정회를 하기로 했다. 북한의 살라미 전술이 효과를 보기 시작한 것이었다.

갈루치는 협상팀을 뒤에 남기고 워싱턴으로 복귀했다. 한국의 한승주 외무부 장관이 유엔총회 참석차 뉴욕에 와 있었다. 그곳에는 크리스토퍼 국무장관도 와 있었다. 미국 측 차석대표 허바드가 제네바에서 날아와 좋은 소식을 전했다. 북한이 KEDO를 통한 한국형 경수로를 수용할 것 같다고 한 것이다. 그러나 사용 후 연료봉의 해외 반출이나 5MW 원자로의 재가동 포기는 쉽지 않다고 했다. 무엇보다 어려운 것은 과거 핵 활동을 규명하는 특별사찰 문제라고 했다. 한 장관은 북한의 핵 투명성, 즉 특별사찰과 한국의 주도적 역할을 거론했다. 한국형 경수로는 이미 공개된 입장이기 때문에 양보하기 어렵다는, 협상 이론에서 말하는 '손목 묶기' 전략을 구사했다.[122] 크리스토퍼 장관은 이해한

---

122 '손목 묶기'(tying-hands) 전략이란 협상의 대외적 상대뿐만 아니라 대내적 상대가 함께 있는 양면 게임 상황에서 대내적 상대에 대한 공개 약속을 통해 대외적 상대에 대한 협상력을 강화하고자 하는 전략이다. Robert D. Putnam, "Diplomacy and Domestic Politics: the Logic of Two-Level Games," *International Organization*, Vol. 42, no. 3 (Summer 1988), pp. 427-460; Peter B. Evans, Harold K. Jacobson, Robert David Putnam, and Robert D. Putnam (eds.), *Double-Edged Diplomacy: International Bargaining and Domestic Politics* (Berkeley, CA: University of California Press, 1993); 김태현, 유석진, 정진영 (편역), 『외교와 정치: 세계화 시대 국제협상 논리와 전략』 (서울: 오름, 1995). 한 장관의 말은 그냥 전략적 발언이 아니라 자신의 어려운 처지를 반영했다. 국회 외무통일위원회가 "과거 핵 활동의 완전 규명, 남북대화의 재개, 경수로 프로젝트에서 한국의 중심적 역할" 등을 제

다고 했으나 그 이해로 정책 태도를 바꾸지는 않았다. 한 장관의 처지는 갈수록 어려워질 것이었다.

10월 3일 백악관에서 열린 수장 위원회는 부수장들을 배석시킬 만큼 엄중한 분위기에서 열렸다. 샬리카쉬빌리 합참의장이 북한의 군사적 동향과 그에 대한 대비 태세에 관해 보고했다. 5MW 원자로의 재가동과 사용 후 연료봉의 해외 반출이 서로 양보할 수 있는 사안으로 제기됐다. 원자로의 재가동을 허용하더라도 해외로 반출해야 한다는 의견과 해외 반출을 포기하더라도 재가동은 안 된다는 의견이 엇갈렸다. 결정적으로, 북한의 양보를 얻기 위해 특별사찰의 시점을, 예컨대 경수로 공정이 어느 정도 진전될 때까지 연기하고자 하는 갈루치의 제안을 재가했다. 갈루치는 그것이 협상이 성공할 수 있는 결정적인 계기라고 믿었지만, 그로 인한 어려움은 생각하지 못했다. 그리고 상황을 낙관할 수 없는 만큼 올브라이트 유엔 대사에게 대북제재에 대한 협의를 조심스럽게 재개하라는 결정도 내렸다.[123] 갈루치는 제네바로 돌아가는 길에 뉴욕을 들러 한승주 장관에게 그 결과를 전했다. 한 장관은 특별사찰 이전에 어느 정도의 공정을 미국이 수락할 수 있는지 물었다. 그 점은 갈루치도 몰랐다.

회의는 10월 6일 재개됐다. 강석주는 군부의 완고한 입장을 장황하게 소개하고, 자신은 경수로 공정 70~80% 정도가 완료된 시점에 IAEA 안전조치에 필요한 모든 조치를 이행할 용의가 있다고 했다. 특별사찰이라는 표현은 쓰지

네바회담의 조건으로 요구하는 결의안을 통과시켰던 것이었다. 그런 점에서 한 장관은 '손목 묶기' 전략을 철저하게 구사하지 못했는데, "인기가 없더라도 옳은 결정은 있는 법"이라고 했듯이 정치적 상황과는 별도로 협상의 타결이 필요하다고 생각했기 때문이었다. 위트 외, 『북핵 위기의 전말』, 368쪽.

123 앞의 책, 268-269쪽.

않고 두 곳의 미신고시설에 대한 사찰도 논의할 수 있다고 했다. 그것을 중심으로 협상이 이어졌다. 기술적 검토 끝에 미국 측은 75% 정도가 적당하다고 생각했다. 이는 곧 특별사찰이 최고 5년까지 연기될 수 있다는 의미였다. 강석주가 버티었으나 시점에 대한 논의는 그렇게 굳어졌다. 문제는, 용어는 별도로 하더라도, 특별사찰의 내용이었다. 논쟁 끝에 강석주는 "IAEA가 요구하는 모든 것을 포함한, 안전조치 관련 의무를 완전히 이행"하는 데 동의했다. 이후 협상은 순조로웠다. 강석주는 5MW 원자로도 동결 대상에 포함하기로 양보했다. 갈루치는 크게 고무됐다.

김영삼 대통령의 관심을 반영하여 제네바에는 한국 외무부의 외교관들이 임시로 파견돼 장재룡 제네바 대표부 대사의 지휘를 받고 있었다. 파견된 인물들은 이미 엘리트 그룹인 외무부 관리 중 최고 엘리트로 구성됐다. 이들은 7월 갈루치의 김일성 조문을 만류하는 데 실패해 엘리트다운 면모를 보이지 못했다는 비판과 자책감에 시달리고 있었다. 게다가 날마다 빼놓지 않은 미국 협상팀의 브리핑이 갈수록 건성으로 바뀌고 있다는 느낌을 받았다.[124] 나쁜 신호였다. 이는 적어도 미국이 한국의 입장을 제대로 반영하지 않고 있다는 뜻이었다. 어쩌면, 미국과 북한이 한국 몰래 '불륜'을 저지르고 있는지도 몰랐다. 국제정세에 밝은, 잘 나가는 외교관들이 그렇게 믿을 리는 없었지만, 한국 국민의 정서는, 그에 영향을 받는 대통령의 심정은 그럴지도 몰랐다.

과연 그랬다. 10월 7일 아침 장재룡 대사가 갈루치 차관보에게 한승주 장관에게 바로 전화해 달라고 요청했다. 같은 학자 출신으로 서로 통하는 것이 많

---

124 정종욱, 『정종욱 외교비록』, 109-110쪽.

았던 갈루치는 바로 전화했다. "우리 중 누구도 이 문제에서 살아남지 못할 거요"가 한 장관의 말이었다. 수십억 달러를 지출하고도 5년간 북한의 과거 핵 활동을 밝힐 수 없다면 쏟아질 비난을 한국 정부가 버틸 수 없을 것이라고 말했다. 얼마 전 양국 정상이 "광범하고 철저한 해결책"에 합의했는데 그 철저함이 어디로 갔느냐고 하소연했다. 갈루치는 큰 그림에서 볼 것을 당부하며 옳은 방향으로 가고 있지 않느냐고 반문했다. 그리고 한미 양국이 이미 특별사찰의 시기에 대해서는 융통성 있게 하기로 합의하지 않았느냐고 했다. 한 장관은 그래도 75%의 공정에 5년이라면 너무하다고 했다. 어쨌거나 일은 저질러졌다. 한 장관은 그 비난을 홀로 감당해야 했다.

갈루치는 장재룡 대사를 만나 한 장관의 메시지를 매우 심각하게 받아들인다면서 마련한 최종안을 공개했다. 경수로의 상당 부분이 공급된 후, 그러나 핵심 부분이 공급되기 전이라고 했다. 그것이 최선이라고 했다. 그러나 문제는 갈루치-장재룡 선에서 감당하기 어려운 높은 곳에서 터졌다.

김영삼 대통령은 미국에 합의를 서두르지 말라고 누차 말했다. 그 이유에는 서둘다가 북한의 전술에 말려들 수 있다는 전술적 판단, 급속한 북미관계 개선을 한국이 따라잡기 어렵다는 정치적 고려, 나아가 곧 망할 북한을 쓸데없이 살려준다는 심리적 판단 등이 있었다. 그러나 이 모든 것과 상관없이 미국은 빨리, 김 대통령이 보기에 너무 빨리 움직이고 있었다. 미국이 한국의 말에 귀를 기울이지 않는 데 대한 반감이 커졌다. 게다가 미국이 생색내는 경수로를 건설할 돈을 누가 대는데 하는 오기도 생겼다. 그래서 뉴욕타임스의 스턴골드 기자가 인터뷰차 찾아왔을 때 하고 싶은 말을 다 했다. 미국의 태도가 "순진하고 설익었다"라고 했다. 그래도 평생 언론을 상대한 정치인답게 아차 싶었다.

아니나 다를까, 스턴골드 기자는 "한국 대통령 미국을 질타하다"라는 제목으로 기사를 실었다.[125] 김 대통령은 누구보다 앞서 그 기사를 보고 받고 한승주 장관을 찾았다. 지방 출장을 갔던 한 장관은 연락을 받고 파출소 전화로 대통령과 통화했다. 대통령은 "사실 내 의도는 북한과 협상할 때 조심해야 한다는 사실을 강조한 것이라"라고 변명했다. 한 장관은 그 문제로 크리스토퍼 장관과 갈루치 대표가 전화했을 때 잘 설명하여 이해시켰다고 회고록에 기록했으나 사실은 그보다 큰 파문을 초래했다.[126]

크리스토퍼 장관이 한 장관에게 전화한 시간은 미국 시각으로 새벽 2시였다. 잠자리에 들었을 장관을 깨워 전화하게 했을 사람은 대통령밖에 없었다. 클린턴 대통령이 화가 났다는 뜻이었다. 앤서니 레이크 안보보좌관도 정종욱 수석에게 전화하여 항의했다. 갈루치는 그 기사 소식을 제네바 호텔의 식당에서 아침 식사를 하던 중 들었다. 레이니 대사가 전화하여 그 기사를 읽어줬다. 갈루치의 얼굴이 시뻘게졌다. 한승주 장관이 갈루치에게 다시 전화했다. 항의하기 위한 전날의 전화와 달리 사과하고 해명하기 위한 전화였다. 그래도 경수로 사업의 대주주로서 입장을 강조했지만 대세는 넘어간 다음이었다.

그런데 김 대통령의 실수 같은 인터뷰가 미국의 협상팀이 북한을 상대하는 데는 도움이 됐다. 미국 측은 그 점을 내세워 북한을 압박한 것이었다. 북한도 급해졌다. 한국이 더 강하게 나오기 전에 협상을 타결할 필요를 느꼈다. 그래서 10월 10~11일 양일 사이 미국 측과 북한 측이 날카롭게 대립하는 가운데

---

125   James Sterngold, "South Korean President Lashes Out at U.S." *New York Times*, October 8, 1994.

126   한승주, 『외교의 길』, 116쪽.

오히려 빠른 진척이 이루어졌다. 중대한 문제였던 사용 후 연료봉 문제에 대해 북한은 재처리 의사를 포기하고 중간단계로서 보관하겠다고 했다. 미국 측은 중간단계란 궁극적으로 해외 반출을 허용하겠다는 뜻으로 좋게 해석하고 수용했다. 실제로 북한은 경수로 핵심부품이 전달되기 전 해외 반출을 허용하기로 했다. 또 북한 핵시설의 '동결' 이후 '해체' 시점이 문제가 됐다. 북측은 경수로 제1기와 제2기 완성 사이 시점에 해체를 완료하기로 했다. 어렵던 협상이 술술 풀려가고 있었다. 과연 좋은 징조인가?

김영삼 대통령은 진즉부터 협상의 진도가 너무 빠르다고 불평했고 그 때문에 뉴욕타임스 사건 같은 사달이 생겼다. 그런데 바로 그 사달 때문에 협상의 진도가 오히려 빨라졌다. 그 같은 대통령의 생각을 바꾸지 않으면 앞으로도 어려움이 많을 것이었다. 한승주 장관이 레이니 주한 미국 대사와 김영삼 대통령 사이 면담을 주선했다. 레이니 대사는 한미관계의 돈독함을 들어 간곡히 설득했다. 미국이 DMZ에서 한국을 배반하지 않았듯이 제네바에서도 배반하지 않을 것이라고 했다. 김 대통령은 여전히 특별사찰이 5년 이상 연기된 데 대해 분을 참지 못했다. 그러면서 국민에게 한 약속이 뭐가 되느냐고 했다. 레이니 대사는, 김 대통령으로서는 이해하기 어려웠겠지만, 조기 사찰을 허용하면 북한의 협상력이 완전히 사라지고 따라서 협상 자체가 무의미해진다고 했다. 또 갈루치가 남북대화 조건을 합의문에 포함하기 위해 노력하고 있다고 안심시켰다. 그리고 이렇게 말했다.

"부디 여론에 휘둘리는 정치인이 아니라 여론을 지도하는 국가지도자(statesman)가 되시기 바랍니다."

이후 레이니 대사는 한 장관과 식사를 함께 하면서 허심탄회한 대화를 했다. 이튿날 오전 한 장관이 레이니 대사에게 전화해 대통령께서 '국가지도자'가 되시기로 했다고 전했다. 그 말을 전할 수 있기까지 한 장관은 대통령과 커다란 논쟁을 벌였다. 그리고 그로써 장관직이 날아갈 것이라고 예감했다.[127] 그 예감은 두 달 후 현실이 됐다. 그러나 아직 할 일이 많았다.

우선 김 대통령의 체면을 위해서는 클린턴 대통령과의 통화가 필요했다. 클린턴은 통화에서 뉴욕타임스 기사에 대한 앙금을 표현했다. 김 대통령은 그것은 과장된 것이라고 하면서도 국내 정치적 어려움을 호소했다. 클린턴은 국내 정치적 어려움은 누군들 없느냐고 받았다. 역시 그랬다. 국내에서 점증하는 반대를 느낀 한승주 장관은 레이니 대사에게 차라리 합의를 서둘러 달라고 요청했다. 그런데 그와는 반대로 갈루치, 나아가 클린턴은 최종 합의를 미뤄놓고 국내에서 정치권과 언론과 여론을 상대로 정지작업을 해야 했다. 그런데, 그것이 끝이 아니었다. 가장 결정적인 협상이 남아 있었다. 바로 남북대화를 어떻게 합의문에 포함할지 문제였다. 김 대통령이 경수로 사업의 대주주로서, 북미 협상의 타결 그 자체, 어쩌면 한미동맹 그 자체를 걸고 매달린 사안이었다.

4. 통미봉남(通美封南)

10월 15일 토요일 협상 타결을 앞두고 양측 협상단이 다시 만났다. 지금까지의 성과를 설명하며 강석주는 다만 '남북대화'라는 말은 언급도 하지 말라

---

127 앞의 책, 117-119쪽; Oberdorfer, *The Two Koreas*, p. 355; 위트 외, 『북핵 위기의 전말』, 385쪽.

고 했다. 통역자가 그 말에 담긴 감정까지 제대로 전달했다. 잠시 마음을 다스린 갈루치는 그 문제는 피할 수 있는 게 아니라고 했다. 통역자가 그 말도 감정을 담아 전달했다. 강석주가 감정을 담아 수첩을 탁하고 닫았다. 북한 측 나머지 참석자도 따라 했다. 그래도 그곳은 강석주가 주인인 북한 공관이었으니 자리를 박차고 나갈 수는 없었다. 강석주와 갈루치는 따로 만나기로 하고 협상을 마무리했다.

같은 날 오후 휴일을 앞두고 미국 측이 긴장을 풀고 있을 때 북한 측이 연락을 취해왔다. 협상 타결 축하파티를 하자는 것이었다. 미국 측은 남북대화와 관련하여 양보하려나 보다라고 생각하며 북한 공관으로 갔다. 공관은 축하 분위기였다. 기자들도 미리 와 있었고 응접실에는 화환과 얼음에 채운 샴페인 병이 있었다. 강석주가 속셈을 드러냈다. 모든 사안이 타결됐는데, 북한이 도저히 수락할 수 없는 남북관계만 남았으니, 미국 측이 그만 포기하고 샴페인을 터뜨리자는 것이었다. 갈루치는 머리끝까지 화가 났다. 차라리 회의를 중단하고 남북관계가 개선된 다음에 다시 하자고 했다. 강석주도 이제 다음이란 없다고 받아쳤다. 갈루치는 워싱턴에 회담 결렬에 대해 보고서를 썼다.

다음 날 일요일 아침 다시 북한 측이 전화해 대니 러셀과 이용호가 따로 만났다. 그날 오후 갈루치가 허바드와 러셀을 데리고 북한 공관으로 갔다. 강석주는 합의문에 남북대화를 포함하는 것은 양보할 수 있으나 그것과 경수로 공급이 연계되지 않는다는 것을 문서로 보증해 달라고 해서 또 결렬됐다. 월요일 다시 만나 문구를 가지고 씨름했다. 그러다가 나온 것이 영어로도 한국어로도 의미가 애매한 'as'라는 단어였다. The DPRK will engage in North-South Korea Dialogue, *as* the Agreed Framework will help create an atmosphere that promotes such dialogue. "북한은 남북대화에 참여할 것이다." "합의 틀이 그런 대화를 촉진할 분위기를 조성하는 데 도움이 된다." 두 문장을 엮는 접속사 as의 해석을 마음대로 하도록 내버려뒀다.

그날 저녁 북한 측이 그 표현을 수락하여 협상이 타결됐다. 그러나 영어가 모국어인 미국인도 잘 모르는 표현이 한국에 제대로 수용될 리 없었다. 제네바에 나와 있던 한국 외교관들은 큰소리로 항의했다. 바로 그 표현을 위해 짧게는 두 달, 길게는 1년 반의 협상을 날릴 뻔한 갈루치는 매우 억울했으나 현실은 현실이었다.

공식합의문의 서명은 나흘 후 10월 21일에 하기로 하고 갈루치는 워싱턴으로 돌아갔다. 경찰 사이드카의 호위를 받으며 기분 좋게 백악관으로 갔다. 그리고 레이크 안보보좌관의 치하를 받았다. 대통령은 합의문의 요지에 서명했다. 갈루치는 다시 제네바로 돌아가 10월 21일 4시 30분 기자들이 플래시를 터뜨리는 가운데 갈루치와 강석주가 합의문에 서명했다. 합의문의 내용을 요약하자면 다음과 같았다.

1. 양측은 북한의 흑연로와 관련 시설을 경수로 발전소로 대체하기 위해 협력한다.

　(1) 미국은 2003년까지 2000MW의 경수로를 북한에 제공하기 위한 조치를 주선한다.

　(2) 미국은 경수로 1호기 완공 시까지 매년 50만 톤의 대체에너지를 제공한다.

　(3) 미국의 경수로 공급 보장을 받는 대로 북한은 흑연로와 관련시설을 동결하며 궁극적으로 해체한다.

2. 양측은 정치적, 경제적 관계의 완전 정상화를 추구한다.

　(1) 양측은 3개월 내에 통신과 금융거래 제한을 포함한 무역, 투자 장벽을 완화한다.

　(2) 영사 및 기술적 문제가 해결된 후 연락사무소를 교환, 설치한다.

　(3) 공동 관심사항의 진전에 따라 양국 관계를 대사급 관계로 격상시켜 나간다.

3. 양측은 핵이 없는 한반도의 평화와 안전을 위해 함께 노력한다.

　(1) 미국은 북한에 핵무기 불사용을 공식 약속한다.

　(2) 북한은 한반도 비핵화 공동선언의 이행을 위한 조치를 일관성 있게 취한다.

　(3) 북한은 대화 분위기 조성에 따라 남북대화에 호응한다.

4. 양측은 국제적 비확산체제의 강화를 위해 함께 노력한다.

　(1) 북한은 NPT에 잔류하고 안전조치협정을 이해한다.

　(2) 북한은 경수로 공급협정 체결 즉시 동결 대상이 아닌 핵시설에 대한 IAEA의 임시 및 정기사찰을 받는다.

　(3) 북한은 경수로의 중요 부분 완공 후 핵심부품 도착 이전에 IAEA와의 안전조치협정을 전면 이행한다.[128]

128　아울러 핵시설 동결 및 해체와 관련된 일부 절차적, 기술적 사항들이 포함된 비공개 각서가 채택됐다. 그 주요 내용은 다음과 같다: 1) 경수로 1호기 완성 후 1~2년 내에 2호기를 완성한다; 2) 경수로 중요 부분 완성 후 미국 기업의 핵심부품 공급에 앞서 미국 원자력협력협정을 체결한다; 3) 동결 대상 핵시설은 5MW 원자로, 방사화학실험실, 건설 중인 50MW 원자로, 200MW 원자로, 핵연료봉 공장으로 한다; 4) 북한은 새로운 흑연로 또는 관련시설을 건설하지 않는다; 5) 경수로의 중요 부분 완공 시, 북한은 IAEA가 필요로 하는 추가적 장소 및 정보에의 접근 허용을 포함하여 안전조치협정을 전면 이행한다; 6) 동결된 핵시설은 경수로 1호기 완공 시 해체를 시작하여 경수로 2호기 완공 시 해체를 종료한다. 해체란 그 부품을 다시 사용할 수 없도록 분해하거나 파괴함을 의미한다; 7) 경수로 1호기 핵심부품 이

두 시간 후 갈루치는 미국 공관에서 기자회견을 했다. 기자들은 여전히 특별사찰에 대해 너무 큰 양보를 한 것에 대해 따지고 들었다. 그에 대해 갈루치는 이렇게 대답했다.

"여러분, 우리가 그 문제에 집중했더라면 이 자리에서 여러분께 이렇게 말하고 있을 것입니다. '이제 우리는 그들이 추출한 플루토늄이 60g인지 아니면 6kg인지 알 수 있게 됐습니다.' 또 이렇게 말하겠지요. '유감스럽게도 그들은 이제 100~200kg의 플루토늄을 생산하게 되었습니다.' 그때 저를 원망하기 바랍니다."[129]

* * *

북한이 미래에 더 많은 핵 물질을 가지게 될지도 모를 일을 막기 위해 과거에 보유했을지도 모를 적은 양의 핵물질에는 눈을 감겠다는 것이 갈루치의, 미국의 입장이었다. 그러나 그건 미국'만'의 입장이었다. 김영삼 대통령이 불안해하고 그러다 불만을 터뜨리고 그 결과 입장이 약해져서 제네바 합의가 서명되는 것을 보고 있어야만 했던 처지는 변하지 않았다. 'as'라는 애매한 문구와 함께 포함된 남북대화 문구는 국내 여론을 잠재우는 데는 도움이 될지 몰라도 김 대통령과 국민 다수가 가진 본질적 불안감을 잠재우지 못했다.

문제는 이것이었다. 북한이 몰래 한두 개의 핵탄두를 개발했을지 모른다—

전이 개시되는 시점에 사용 후 연료봉의 해외 반출을 개시하며, 1호기 완공 시 반출을 완료한다. 이 번역 및 요약은 이용준, 『북핵 30년의 허상과 진실』, 132-133쪽에서 인용.

129 위트 외, 『북핵 위기의 전말』, 399쪽.

그것은 한국에 치명적인 위협이 될 것이다-그런데 철석같이 믿던 미국은 자국의 안보, 또는 비확산체제의 안정성이라는 애매한 목표를 위해 과거를 덮고 미래에만 매달린다-그처럼 애매한, '미국만의' 목표를 위해 한국에 40억 달러라는 거액을 요구한다-그것도 모자라 북한에 대한 경제제재를 완화하고 정치적 관계 개선을 하겠다고 한다- 미국이 우리의 적인 북한과 친구가 되면 우리와 미국의 관계는 적인가, 친구인가, 아니면 무엇인가?- 미국이, 좋게 보아, 중립적으로 된다면 핵을 가진 북한을 상대로 우리는 어떻게 안보를 지키는가?

이것은 미국의 갈루치 차관보가, 레이크 안보보좌관이, 크리스토퍼 국무장관이, 아니 클린턴 대통령이 아무리 좋은 말을 해도 풀리지 않는 문제였다. 김영삼 정부는 나라의 안보를 날리고, 40억 달러의 거액을 날리고, 50년간의 동맹국을 날린 바보 정권이 됐다. 냉전이 끝나고 한국이 북한에 대해 결정적인 우위를 확보한 바로 그 시점에 북한의 통미봉남(通美封南), 곧 미국과 통하여 남한을 봉쇄하는, 전략에 말려들어 모든 것을 잃었다. 11월 4일, 한때 김 대통령에 맞설 대선 후보로 유력시됐던 노재봉 전 국무총리, 현 의원이 국회에서 한 통렬한 연설이었다.

통미봉남은, 2019년 가을 '내로남불'(내가 하면 로맨스 남이 하면 불륜)이라는 한자(漢字)로 표현할 수 없는 사자성어가 유행하기 전까지, 정치외교 분야에서 가장 잘 알려지고 그만큼 호소력이 강한 사자성어였다.

그러니 10월 21일 제네바 합의 이후에도 우여곡절은 많았다. 이듬해 (1995년) 6월 말레이시아 쿠알라룸푸르에서 한국형 경수로를 내용으로 하는 경수로 공급협정을 체결하는 과정에서 한국/미국과 북한은 또다시 충돌하여 제네바 합의를 무효로 돌리고 전면 대결로 나아갈 뻔했다. KEDO가 정식으로 설립되고 그 본연의 임무를 수행하는 가운데 강릉 잠수함 사건, 금창리 사건 등이 그 합의를 위협했다. 그런 돌발사태들이 KEDO 과정에 제동을 걸 때마다 미국이 앞장서 끌거나 뒤에서 밀어 과정은 굴러갔다. 1998년 햇볕정책을 기치로 내세운 김대중 정부가 들어섰다. 2000년 6월 북한 김정일 국방위원장이 김대중 정부의 햇볕정책에 호응하여 역사적인 남북정상회담이 열렸다. 이후의 변화는 한반도에서, 또 국제적으로 괄목할 만한 것이었다. 8월 북한의 조명록 차수가 전년도 대북정책조정관, 1994년 위기 때 국방장관이던 윌리엄 페리의 방북에 대한 답방 형식으로 워싱턴을 방문했다. 10월에는 매들린 올브라이트 미국 국무장관이 북한을 방문했다. 그때 클린턴 대통령의 방북이 결정됐다. 클린턴의 방북이 성사됐더라면 1993년 이래 전개해온 대북 관여정책이 제대로 마무리되고 한반도 상황은 결정적으로 변할 수도 있었다.

그런데 2000년 11월 미국 대통령 선거에서 미국 헌정사상 한 번도 없었던 초유의 사건이 벌어졌다. 선거 결과에 대한 법정 싸움이 벌어진 것이었다. 그 끝에 조지 W. 부시 후보가 당선됐다. 선거 후 한 달이 지난 다음의 일이었다. 그 불확실 속에서 클린턴 대통령의 방북은 연기됐다. 이제 공화당 출신 부시 당선자가 민주당 출신 클린턴 대통령의 방북을 반대하여 클린턴 대통령의 방북은 없던 일이 됐다. 아버지에게 재선에 실패한 불명예를 안긴 클린턴의 뒤를 이은, 그리고 8년 만에 재집권한 공화당의 부시 대통령은 외교에서 '클린턴이 한 것은 무조건 반대'(ABC; Anything But Clinton)하는 노선을 취했다. 대북, 북핵 정책도 예외가 아니었다. 취임 후 대북정책에 대해 이례적으로 긴 검토 기간을 거쳤다. 2001년 여름, 클린턴 때 보다 더욱 경화(硬化)된 태도로 북한과 대화를 시작하려던 찰나 중동에 근거를 둔 알카에다라는 테러집단이 여객기를 납치하여 뉴욕의 고층빌딩에 충돌하는 기상천외한 방식의 테러를 자행했다. 바로 9·11테러였다. 부시 행정부는 '테러와의 전쟁'을 선포했고 모든 일이 그 전쟁에 밀렸다. 북핵 문제도 마찬가지였다.

2002년 10월 북미대화가 어렵사리 재개됐다. 평양을 방문한 제임스 켈리 미 국무부 동아태담당 차관보는 북한이 고농축 우라늄을 통한 별도의 핵무장 프로그램을 추구한다는 미국 정보부의 의혹을 추궁했다. 그를 맞은 강석주 부부장이 그것을 시인했다고 하여 제2차 북핵 위기가 시작됐다. 그 위기를 관리하기 위해 남북한과 미국, 중국, 일본, 러시아가 6자회담을 하던 중인 2006년 10월, 북한이 최초로 핵실험을 했다. 이후 북한은 2009년 5월, 2013년 2월, 2016년 1월과 9월, 그리고 미국에서 2017년 도널드 트럼프(Donald J. Trump) 대통령이 취임한 이후인 2017년 9월 등 5차례의 추가 핵실험을 통해 수소폭탄까지 완성했다고 주장하기에 이르렀다. 아울러 그 핵무기를 미국 본토에 실어나를 수 있는 대륙간탄도미사일(ICBM) 능력을 과시하여 미국을 압박했다. 2017년은 1994년에 비견할 만한 군사적 위기가 있었던 해였다. 그 끝에 2018년 3차례의 남북정상회담이 있었고 역사적인 미북 정상회담이 열렸다. 그러나 2019년 2월 하노이 미북 정상회담이 결렬된 이후 비핵화 프로세스는 정체를 면치 못하고 있다.

1994년 남북정상회담을 앞두고 김일성 주석이 급서한 것에 일종의 우연적 또는 운명적 요소가 있었다면, 2000년 역사적인 클린턴 대통령의 방북을 앞두고 미국 대선이 파행을 겪은 것도 일종의 우연적 또는 운명적 요소가 있었다. 그러나 그것이 반드시 우연이었던가? 김 주석이 1~2년 먼저 핵 문제를 챙겼더라면 핵무장을 둘러싼 이후의 온갖 파장을 예방할 수 있지 않았을까? 김정일 국방위원장이 2000년에 했던 일을 1년 앞서 했더라면 2000년의 극적인 반전을 예방할 수 있지 않았을까? 이처럼 북한이 결정적인 국면에서 행보가 한 발 늦고, 때로는 한 수 모자라는 것이 북한의 정책 결정체계 상의 문제와 관계가 있는 것이 아닐까?

　이런 문제들은 나중에 다루기로 하고 일단 본문의 서두에서 제기했던 문제들을 짚어보기로 하자.

Ⅶ. 결론: 제1차 북핵 위기와 한국

이 글의 서두에서 1993~1994년 제1차 북핵 위기에 대한 기존의 연구가 결과적으로 협상의 당사자였던 미국의 이야기로 기술됐음을 지적하고 이 연구에서 다음과 같은 네 가지 문제에 대한 대답을 찾겠다고 했다.

1. 위기의 전개 과정에서 한국의 입장과 태도는 어떻게 진화하고 전개됐는가?
2. 그와 같은 입장의 진화를 어떻게 설명할 것인가?
3. 그 입장을 협상 과정과 결과에 반영하고자 한 한국의 전략 또는 정책은 무엇이었던가?
4. 한국의 입장과 역할은 최종 합의문에 내용에 어떻게 반영됐는가?

1989년 북핵 문제가 처음 문제로 떠올랐을 때 당시 북방정책의 성공에 고무돼 있었던 노태우 정부는 정확하게 태도를 정할 수 없었다. 처음에는 순항하던 남북관계 속에서 핵 문제를 풀 수 있다고 생각했지만, 그 문제가 갈수록 커지고 어려워지자 남북관계 개선을 우선시하는 부분과 북핵 문제 해결을 우선시하는 부분 사이를 오가다가 결국 후자를 택하면서 임기를 마쳤다.

김영삼 정부도 크게 다르지 않았다. 대선국면에서 북핵 문제가 악화하고,

북한의 위협을 강조하는 보수파 선거 전략으로 당선됐으나 김영삼 정부는 기본적으로 북한을 포용하자는 정책으로 출발했다. 군부정권과 차별되는 '문민정부'를 자임하고 한완상 교수처럼 진보적 인사를 통일부 장관으로 기용했다. 또 취임사에서 민족을 (동맹이나 이념보다) 앞세웠다. 또 이인모 노인을 송환했다. 그런데, 그때 이후 늘 되풀이되는 패턴이지만, 김영삼 정부의 포용정책은 핵문제의 암초에 걸려 좌초했다. 그리고 북핵 문제를 근본적으로 해결하는 데도 실패했다.

김영삼 정부 들어와 흥미로운 변화는 북핵 문제 해결을 위해 북미대화를 추진한 것이었다. 3월 초 공로명 특사가 워싱턴을 방문했을 때, 또 북한이 NPT 탈퇴를 선언한 이후 3월 말 한승주 장관이 재차 방미했을 때 북미 직접 대화를 제안했다. 두 가지 고려가 있었던 것을 보인다. 첫째는 대북포용정책의 일환이었다. 전임 정부의 북방정책의 논리적 귀결이 4강에 의한 남북한 교차승인이었던 것처럼, 포용정책의 종착지는 북미관계 개선이었다. 둘째는, 특히 북한이 NPT 탈퇴 선언이라는 강수를 쓴 이후, 미국도 강수를 쓸 수 있다는 우려, 예컨대 북한에 선제 타격을 할지 모른다는 우려였다. 즉, 한편으로는 북한을 달래고 다른 한편으로는 미국을 달래기 위한 것이 북미 직접 대화였다.

그런데 막상 북미회담이 본궤도에 오르자 태도가 바뀌었다. 6월 뉴욕에서 열린 제1단계 회담 이후 김영삼 대통령은 뉴욕타임스와의 인터뷰에서 "북한이 핵 개발을 완성하기 위한 시간을 벌려고 미국을 가지고 놀고 있다"라고 불평했다. 10월 이후 포괄적인 해법, 일괄 타결안이 한미 사이에 합의되었으나 대통령이 정상회담 자리에서 그것을 뒤집는 사달이 발생했다. 1년이 지난 후 북미회담이 타결 단계에 이르렀을 때 대통령이 다시 언론에 그것을 비판하여 파문을 초래했다.

한국의 태도가 일관적이지 않고 그에 따라 북미회담의 진척이 큰 어려움을 겪었던 것은 한국, 북한, 미국 3자 사이에 존재하는 부조화한 구조 때문이었다. 그리고 그 부조화한 구조는 근본적으로 한반도의 분단과 남북 사이의 적대적 관계 때문이었다.

새삼스럽지만 굳이 언급하자면 남과 북은 단일민족 국가가 정상인 시대에 분단된 민족이라는 비정상적인 관계에서 출발했다. 그 비정상은 상호적대성을 낳았고 그 위에 세계적인 냉전이 중첩되면서 더욱 굳어졌다. 45년의 세월이 흐른 후 남북이 서로의 존재를 인정하고 평화공존을 추구한 남북기본합의서가 맺어졌지만, 그 기반은 취약했다. 적대관계는 남북의 국가체계에 제도화되고 사회와 문화에 내재화되어 기억과 심리에 깊이 자리 잡고 있었던 것이었다.

북한의 핵 개발은 그것이 공격적 의도에서 비롯됐든 방어적 의도에서 비롯됐든 기본적으로 그 적대관계의 소산이자 표출이었다. 적대관계의 해소를 통해서 풀어야 하지만 아울러 그 과정에서 적대관계가 더욱 심화할 수 있는 미묘하고 모순적인 상황이 전개됐다.

남북한과 미국 사이의 삼각관계는 북한을 공동의 적으로 하고 한미동맹이 공고할 때 안정적이었다. 3국이 모두 우호적인 관계일 때도 안정적일 수 있었다. 이것을 도식적으로 말하자면, 남한-북한-미국 사이에 존재하는 3개의 양자 관계 중 하나만 우호적이거나 셋 모두 우호적일 때만 안정적이었다. 북한을 공동의 적으로 한 한미동맹이 있었던 냉전 시대가 앞의 경우였다. 탈냉전 시대에는 후자를 지향할 수 있었다. 그러려면 남북관계와 북미관계가 '동시에' 개선돼야 했다.

김영삼 정부가 북핵 문제 해결을 위해 북미대화를 제안한 것은 바로 남북관계 개선을 전제로 한 것이었다. 핵 문제 해결을 위한 북미대화의 전제조건으로 남북대화를 고집한 이유가 바로 그것이었다. 그런데 남북관계가 전혀 풀리지 않았다. 거기에 이슈, 즉 핵 문제의 군사적 성격이 문제를 악화했다. 북한이 핵 프로그램을 고집할수록 북한의 적대적, 호전적 의도가 부각하고 대북포용정책의 정서적, 그리고 정치적 기초는 흔들렸다.

대화가 순조롭지 못하면 자연히 협상의 두 축인 당근과 채찍 중 채찍의 함량이 커지기 마련이다. 고립된 경제를 고려하면 경제제재는 상징적이고 정치적인 의미 이상을 가지기 어려웠다. 유엔을 통해 경제제재가 선택지에 올랐으나 이는 군사적 행동을 위한 명분 구축의 측면이 강했다. 게다가 북한 스스로 제재가 곧 전쟁 선언이라고 강변하고 대응 행동을 경고함으로써 군사행동이 유력한 대안이 됐다. 여기에서 한국이 취할 수 있는 선택지의 한계가 드러났다. 북한의 핵무장이 심각한 안보 위협이나 그것은 미래의 일이었다. 미래의 위협을 제거하기 위해 지금 전쟁하는 것은 택하기 어려운 옵션이었다. 그러니 한국이 택할 수 있는 선택지는 매우 제한적이었고 그로 인해 한미 간에는 갈등이 끊이지 않았고 한승주 장관이 이끄는 외교부가 가장 큰 활동을 하고 가장 큰 비난을 받아야 했다.

여기에 문제를 악화시킨 내부적 요인이 한 가지 더 있었다. 바로 미국에 대한 불신이었다. 미국이 한국민의 의지를 무시하고 일방적으로 북한을 공격하거나, '한국을 버리고' 북한과 일방적으로 관계 개선을 할지 모른다는 불안이 있었다. 미국이 한국군의 참여 없이 북한과 전쟁할 수 없는 현실을 고려하면, 또 한국이 미국과 40년간 동맹이었고, 정치적, 경제적 측면에서 북한에 비교할 수 없도록 소중하다는 점을 생각하면, 그런 불안은 지나친 것이었다. 그러니 그 불안은 불신과 마찬가지였다. 그 불신은 강대국 정치에 시달리며 국권을 잃었던 약소국의 피해의식이라는 일반적 요소 위에 카츠라-태프트 밀약, 1949년 주한미군의 철수와 한국을 방위선에서 제외한 소위 '애치슨 라인'이라는 구체적 경험에 기초했다.

그 같은 불신에도 불구하고 혹은 그 때문에 한국은 집중적인 외교적 노력을 기울였고 대체로 성공했다. 남북대화를 미북대화의 전제조건으로 시종일관 견지했고, 제네바 합의에도 포함할 수 있었다. 그런 성공의 이면에는 앞에서 지적한 모든 요소가 작용했다. 첫째는 공고한 한미관계였다. 한미 사이에는 오랫동안 생성된 인적 네트워크가 있었다. 연합사령부 체제를 유지해온 군대는 말할 것도 없거니와, 외교부를 필두로 한 정부 각 부처도 마찬가지였다. 미국에서 학위를 받고 미국의 대학에서 강의했던 한승주 외무부 장관과 갈루치 차관보 사이의 관계처럼 양국의 지도부는 서로 말이 통하는 사이였다. 둘째, 미국에 한국의 가치가 크게 증대했다. 베트남전쟁에서 입증된 군사적 자산 외에도 빠른 경제성장으로 경제적 가치가 증대했다. 민주화의 성공은 그것을 후원해온 미국에 상징적 자산이었을뿐더러 국제무대에서 미국이 활용할 수 있는 외교적 자산이기도 했다.

셋째, 이상을 활용한 한국의 전략이 통했다. 한국은 외교적 자산을 총동원해 미국의 협상을 측면에서 지원하기도 하고, 직접 압력을 행사하기도 하면서 시종일관 회담에 관여했다. 김영삼 대통령이 문민정부를 자랑하며 국내 여론을 외교적 입장의 명분으로 내세울 수 있었던 것은 민주화 덕분이었다. 그리고 경수로 제공에 필요한 자금 대부분을 담당할 수 있는 경제력도 있었다. 그

경제력을 지렛대로 활용하여 한국형 경수로를 관철하고 남북대화를 합의문에 포함할 수 있었다. 그리고 북한의 핵 개발 의지는 향후 8년간 겉으로 드러나지 않았고 그로 인한 위기를 초래하지 않았다.

문제는 이 모든 노력과 소란에도 불구하고 북한의 핵 개발 의지를 완전히 꺾는 데는 실패했다는 점이다. 그리하여 북핵 문제는 첨예한 군사적, 국제정치적 위기를 여러 차례 초래하고 아직도 해결되지 않은 채 폭발적 잠재성을 안고 있다.

Ⅷ. 후기: 후지적 평가와 선지적 전망

인지심리학에서 후지적 편향(hindsight bias)이라고 하고 역사학자 버터필드가 휘그(Whig)식 역사 해석이라고 한 것이 있다. 앞을 내다보며 결정을 할 때는 막막하기 짝이 없지만, 일단 일이 일어난 다음 과거를 돌아보면 모든 일이 분명해 보인다는 것이다.[130] 1993~1994년의 북핵 위기도 과연 그런가? 그렇기도 하고 그렇지 않기도 한다. 북한이 결국 2006년에 제1차 핵실험을 하고, 2019년까지 모두 여섯 차례의 핵실험을 통해 사실상 핵보유국이 된 결과를 놓고 보면, 북한은 무슨 수를 쓰더라도 핵을 보유하겠다는 결심을 진즉부터 하고 있었다. 미국의 클린턴 행정부는 1994년 11월 중간선거를 앞두고, 또 1995년으로 예정된 NPT 평가 회의를 염두에 두고 북한을 NPT에 잡아두는 데 급급했을 뿐 진정 문제를 해결할 의지는 없었다. 그렇게 나온 것이 제네바 합의였다.[131] 그런데 북핵 문제에 관한 한 그 같은 후지적 분명함을 주장하기에는 아직 어려울 것 같다. 북한에 대해서는 별로 여전히 알려진 것이 적고 협상 상

---

130   Baruch Fischoff, "Hindsight is not Equal to Foresight: The Effect of Outcome Knowledge on Judgment under Uncertainty," *Journal of Experimental Psychology: Human Perception and Performance*, Vol. 1, No. 2 (1975); Herbert Butterfield, *The Whig Interpretation of History* (New York: Norton, 1975).

131   이러한 입장을 잘 전개한 것은 이용준, 『북핵 30년의 허상과 진실』.

대였던 미국과 한국의 외교 사료도 아직 공개되지 않았다. 또 사회적 현실은, 특히 외교적 협상은 생물과 같아 가변적이기 때문에 과거를 짚어 몇 가지 가상사실적 질문을 하는 것은 여전히 의미가 있다. 우선 세 가지 질문을 할 수 있다.

첫째, 1992년 초 다양한 노력 끝에 북한이 마침내 IAEA와 안전조치협정을 체결했을 때 IAEA, 한국 정부, 기타 국제사회가 달리 행동했더라면 그 문제가 당시에 그토록 위험한 위기를 초래하고 이후 단계적 악화 과정을 거쳐 현재의 국면에 이르는 것을 방지할 수 있지 않았을까? 북한이 결국 핵무기 보유에 성공한 '득'은 분명 있지만, 그 대가로 베트남과 같은 경제 발전을 이루기는커녕 국제적으로 여전히 고립된 위에 누적적 제재를 받게 된 '실'도 분명히 있다. 후술하듯이 필자가 판단할 때 실이 득보다 훨씬 더 크다. 북한이 이런 결과를 내다볼 선지는 없었겠지만 1992년 IAEA와 안전협정을 체결하고 최초 신고서를 제출할 때 최소한 두 가지 선택지에서 고민하지 않았을까? 하나는 국제적 고립의 위험을 무릅쓰고라도 핵무장을 강행하는 것, 다른 하나는 안되면 핵무장을 포기하고 국제사회의 정상적 일원이 되는 것. 물론 북한은 그중 하나를 택하기보다 두 개의 노선에 양다리를 걸쳤을 것이다. 그러면서 두 길 사이의 틈이 점차 좁아져 자연스럽게 두 개의 목표를 모두 달성하길 희망했을 것이다. 그런데 결과적으로 두 길 사이의 틈이 오히려 넓어져서 가랑이가 찢어질 지경에 이르자 핵무장의 노선에 올라탔다. 무게 중심이 핵무장 쪽으로 기울어져 있었기 때문이었다. 그런데 그 무게 중심을 핵 포기 쪽에 두도록 할 수는 없었던가? 예컨대 최초 신고서와 사찰 결과 사이의 불일치를 고의적인 기만으로 간주하고 피의자 심문하듯 추궁하는 대신 '흔히 있는 실수'라고 달래어 안전조치에 대한 협조를 요청했더라면 향후 사태의 진전이 달라지지 않았을까? 이 문제는 본 연구의 범위를 벗어나니 더는 따지지 않겠다.

둘째, 1994년 5월 이후 첨예한 위기와 온갖 우여곡절 끝에 열린 제3단계 미북협상에서 10월 21일 서명한 제네바 합의문, 또는 '합의 틀'이 당시 얻을 수 있었던 최선이었던가? 한승주 당시 외무부 장관은 제네바 합의가 실패한 것은 너무나 완벽했기 때문이었다는 역설적인 주장을 한 바 있다. 즉, 그 합의문의 각 조항이 너무나 완벽하게 북한이 몰래 핵무장을 추진할 여지를 봉쇄하고 있었으므로 북한은 결국 그 합의를 파기하고 나올 수밖에 없었다는 주장이다.[132] 그러나 그것은 작은 주장이다. 그것으로 북한의 핵 개발 의지를 꺾지 못했으니 결과적으로 실패한 외교였음은 부정할 수 없다.

필자가 '사후적으로' 판단하기에 1994년 김일성 주석의 장례식 이후에 다시 열린 제3단계 북미회담에서 미국이 결정적인 실수를 했다. 본문에서 보았듯이 북한은 예의 살라미 전술을 전개하여 협상 사안을 잘게 쪼개어 하나씩 주고받는 양적(量的)인 협상술을 보인 반면, 미국은 전해 결정된 '일괄 타결'안에 따라 '주거나 말거나' 하는 질적(質的)인 협상술을 구사했다. 그 같은 질적인 접근이 통하려면 상대가 그것을 받을 때의 이익과 거부할 때의 손실 사이의 차이가 매우 커야 한다. 나아가 그 두 가지 선택지를 이쪽에서 강요할 능력과 의지가 있어야 한다.

6월 초~중순의 상황은 과연 그랬다. 미국은 정치, 군사, 외교의 제반 측면에서 북한에 대한 응징 패키지를 마련했다. 그리고 그것에 필요한 실질적 준비에

---

132   한승주, 『외교의 길』, 129쪽.

나섬으로써 그것이 실행될 것이라는 신뢰성도 높았다. 비유적으로 말하자면 미국이라는 거대한 국가가 동원할 수 있는 온갖 자원을 동원하여 기세를 불러 일으킨 것이었다. 동시에 언론과 그에 영향받은 여론도 그 기세를 타고 또 기세를 키우는 역할을 했다. 그런 미국을 상대로, 갈루치가 느꼈듯이, 북한은 겁을 먹었고 미국이 만족하지 않을 수도 있다는 우려에서 파격적으로 양보할 준비가 돼 있었다. 그런 시점에서 카터 전임 대통령의 방북은 북한에 탈출구를 열어준 시의적절한 조치였다. 그의 독단적인 행동은 미국도 가중되는 위기에 부담을 느끼고 있다는 점을 북한에 내비침으로써 미국이 마련한 압박 조치에 김을 뺀 점이 있으나 7월 8일 제3단계 북미회담의 첫 모임이 제네바에서 열렸을 때 미국의 기세는 여전했고, 그 회담이 어긋나면 미국은 여전히 그 기세를 타고 북한을 압박할 수 있었다.

그런데 김일성 주석의 장례식을 위한 휴회 기간 중 상황이 크게 바뀌었다. 다시 비유적으로 말하자면 미국은 애써 끌어올렸던 기세를 풀어버린 상태였고 북한은 풀이 죽었던 기세를 다시 올릴 수 있는 시간적 여유를 번 것이었다. 그리하여 미국이 '주거나 말거나' 양자택일식 협상 전략을 구사했을 때 미국에는 이미 '말거나'의 선택지는 사라지고 없었다. 북한이 그 제안을 받지 않더라도 그 대가로 치러야 할 실효성 있는 응징 방법이 이미 사라진 것이었다. 반대로 이 모든 것을 줄 테니 될 수 있는 한 많이 달라고 매달릴 수밖에 없는 상황에 몰렸다. 그런 상황에서 한국이 중심적 역할을 해야 한다거나 남북대화가 조건으로 들어가야 한다는 조건을 추가할 때 핵 활동 동결, 사용 후 연료봉의 처리, 특별사찰의 시점 등에서 미국의 협상력은 약해질 수밖에 없었다.

그 협상력을 회복하려면 회담의 결렬을 선언하고 그에 따라 새로운 위기 국면을 감수해야 했다. 그렇더라도 6월과 같은 기세를 살리려면 많은 시간과 동력이 필요했다. 본문에서 인용한 미국 외교관의 말처럼 미국은 항공모함과 같았던 것이었다. 그런데 11월 초 중간선거를 앞둔 클린턴 행정부는 시간이 없었다. 협상이 실패하면, 그로 인한 정치적 부담은 바로 선거 결과에 반영될 수 있었으나 협상이 실패하여 새로운 위기가 발생하고 위기 시 대통령을 중심으로 뭉치는 현상이 나타나기를 기대하기에는 시간이 너무 촉박했다. 그래서 갈루치가 협상담당자의 처지에서 북한에 파국을 선언하려 할 때마다 워싱턴은 그것을 승인하지 않았던 것이었다.[133]

셋째, 그런데도 제네바 합의는, 갈루치 등이 자랑한 대로, 일단 파국의 위험을 미봉한 가운데 북한에 대한 전반적인 관여/포용정책으로 이어졌다. 그런데 미국의 관여정책은 성공할 수 없었다. 남북한과 미국, 3자 사이에 존재하는 구조적 문제 때문이었다. 미국과 한국이 동맹인 한 북미관계의 개선은 남북관계의 개선과 동시에 전개돼야 했다. 아니면 서로 싸우는 두 친구를 둔 사람처럼 골치를 썩여야 했고 조만간 어느 한 친구를 포기해야 했다. 1994년 이후 미국이 불화하는 남북 사이에서 그랬다. 2001년 이후 한국이 불화하는 미국과 북한 사이에서 그랬다. 북한이 미국에 대해, 한미동맹이라는 법적, 제도적, 역사적 존재를 뛰어넘어 남한보다 월등한 전략적, 본질적 이익을 주는 나라가 아니

---

133 그래도 선거를 2주 앞두고 타결된 제네바 합의는 클린턴 행정부의 선거에 도움이 되지 않았다. 언론은 제네바 합의가 "나쁜 짓을 한 북한에 보상을 준" 것처럼 묘사했고 중간선거에서 민주당은 참패하여 하원의 지배권마저 공화당에 내주었다. 그 결과 클린턴 행정부는 제네바 합의에 따라 북한에 중유를 제공하기 위한 재원에 대한 의회의 승인을 받지 못했고 그것을 마련하느라 온갖 외교적 어려움을 감수해야 했다. 위트 외, 『북핵 위기의 전말』, 403-408쪽.

라면 통미봉남은 절대 가능한 일이 아니었다. 그런데 북한은 제네바 합의에도 불구하고 남북대화를 거부했다. 김정일 체제가 불안하다고 생각한 김영삼 정부도 적극적이지 않았다. 그런 위에 1996년 강릉잠수함 사건과 같은 도발이 있었다. 북핵 문제를 초래하고 악화한 정치적 조건은 개선되지 않았다.

*　　　*　　　*

2017년 북한의 계속되는 도발로 한반도의 군사적 위기가 전개되는 가운데 한국에서는 탄핵이라는 정치적 위기 끝에 새로운 정부가 들어섰다. 문재인 정부는 2018년 2월 평창 올림픽을 계기로 남북관계 개선의 물꼬를 트고 3월 제3차 정상회담을 했다. 그리고 미국과 북한 사이에 적극적인 중재를 하여 7월 역사적인 미북정상회담이 성사되는 데 중요한 역할을 했다. 남북정상회담과 미북정상회담에서 북한의 김정일 국무위원장은 한반도의 '비핵화'를 약속했다. 비핵화가 무슨 의미든 북한이 보유했다고 선언한 핵무기를 포기하겠다는 의사로 해석됐다.

필자는 김 위원장의 비핵화 '의지'를 '합리적'인 결정으로 해석한다. 30년을 이어온 북한의 핵무장 프로그램은 기본적으로 적자(赤字) 프로그램이기 때문이다. 정치적, 군사적, 경제적으로 따져봤을 때 모두 그렇다. 첫째, 국내 정치적으로 핵 무력 완성의 위대함을 내세울 수 있겠지만, 북한 주민들이 경제제재로 인한 경제적 고통으로 내심 키우고 있을 원망을 생각하면 어느 정도의 순(純)이익이 있을지 모르겠다. 둘째, 국제정치적으로 미국과의 정상회담을 끌어내고 그로 인해 세계적인 주목을 받았으나 그것은 비핵화를 전제로 했을 때의 일이었다. 파키스탄이 핵을 보유했다고 국제적 존경이나 영향력을 누리고 있지 않듯이 핵을 보유한 북한의 국제적 위상은 높아지지 않는다.

셋째, 군사적으로 봐서 핵무기 보유 이후 북한이 더 안전해졌는가? 물론 억지(抑止)의 효과는 있겠지만 억지는 잠재적 적국의 공격 의지를 전제로 한다. 북한이 핵무기를 개발하지 않고 진즉 국제사회의 정상적인 일원이 됐더라면 처음부터 걱정할 필요가 없는 일이었다. 대신 미국의 전략적 자산은 더 자주 더 크게 전개됐다. 요컨대 북한은 핵 보유로 인해 더 불안해졌다. 북한이 핵무기를 믿고 잦은 군사적 도발을 하여 남한을 겁박할 수는 있다. 그래서 무엇을 얻을 것인가? 어쩌면 남한을 자극하여 자체 핵무장을 하도록 하고 그래서 남한도 북한처럼 국제적으로 고립되고 경제적으로 제재를 받도록 하는 일종의 물귀신 작전일 수도 있다. 그래서 북한에 좋은 것이 무엇인가?

넷째, 무엇보다 경제적으로 적자 프로그램이다. 핵을 개발하는 데 드는 비용은 부차적이다. 그로 인해 고립되고 경제제재를 받게 된 기회비용이 훨씬 더 크다. 완성된 핵무기 또는 핵물질을 해외에 팔아 벌 수 있는 이득은 얼마일까? 삼성전자가 베트남에 투자한 것과 같은 시설을 북한에 할 때 얻을 수 있는 이득과 비교하면 어떤가? 따라서 북한의 핵무장 프로그램은 적자 프로그램이다. 그것이 3대를 이어 온 가업(家業)이라서 미련이 남을 수는 있겠지만 적자 프로그램은 하루빨리 접는 것이 '합리적'이다. 앞에서 한 비유를 들자면 북한은 이제 핵무장 노선에서 비핵화 노선으로 갈아타는 것이 '합리적'이다.

그런데도 북한의 비핵화를 낙관할 수는 없다. 두 가지 노선 사이에 너무 거리가 멀기 때문이다. 분석하자면 북한 내부적 이유와 외부적 이유가 있다. 내부적으로 조직 차원의 저항이 있을 것이다. 최고의 엘리트를 뽑아 전문가를 양성하고 그들이 전신의 모발이 없어질 정도로 방사능에 피폭되며 완성한 사업이다. 그들의 반발을 무마할 그 무엇이 필요하다. 또 명분의 문제가 있다. 3대를 이어온 사업을 뒤집는 것은 세습 정권인 북한으로서는 정치적 부담이 크다. 이 모든 것을 미국과의 협상을 통해 해결해야 한다. 예로 한반도 평화협정을 체결하여 미국의 위협이 없어졌고 따라서 핵무기를 유지할 필요가 없어졌다는 담론이 내부에서 생겨나야 한다. 또 미국이 넌-루거 법안으로 구소련에 적용했던 '협력적 위협 축소'(Cooperative Threat Reduction; CTR)와 같은 유인으로 조직적 저항을 줄여야 한다.

그럴 때 두 가지 외부적 문제가 제기된다. 첫째, 북한의 협상 스타일이다. 본문에서 분석한 바와 같이 북한은 상대를 질리게 하는 벼랑 끝 외교, 상대를 지치게 하는 살라미 전술에 능하다. 반면 미국은, 2월 결렬된 하노이 회담에서 봤듯이, 하향식 일괄 타결을 선호한다. 그 같은 경향은 1994년에도 본 적이 있다. 북한식 양적 접근의 가장 큰 약점은 소탐대실(小貪大失)의 위험성이다. 즉 작은 것을 탐하다가 큰 것을 잃는 것이다. 1994년에는 성공했지만 2000년 클린턴 방북 협상에서는 실패했다. 2018년 벼랑 끝 외교를 통해 싱가포르 미북 정상회담을 성사시킨 '성공'에 도취해 2019년 하노이 회담에서는 실패했다. 앞으로도 그럴 가능성이 있다.

가장 큰 문제는 내부보다는 외부에 있고, 물리적이기보다는 심리적이다. 즉, 북한의 핵은 마치 낙인(烙印)과 같아 북한이 떨치고 싶어도 쉽게 떨칠 수 있는 것이 아니라는 것이다. 북한이 "비핵화를 했다"라고 선언하더라도 과연 믿을 수 있는가? 북핵의 역사 30년을 돌아보면 북한에는 '무죄추정'의 원칙이 아니라 '유죄추정'의 원칙이 적용될 소지가 크다. 다시 말하자면, 냉전 말기 미국과 소련 사이 군축협상에 적용된 "믿어도 검증한다"(trust but verify)라는 원칙이 아니라 "못 믿으니 검증한다"(do not trust therefore verify)라는 원칙이 적용될 수 있다는 뜻이다. 그런 속에서 북한이 과연 전적으로 협력할 것인가?

*　　*　　*

필자가 생각하는 해법은, 적어도 김정은 국방위원장의 셈법 계산이 앞에서 따진 것처럼 '합리적'이라는 전제 하에, 정치적이고 심리적이다. 첫째, 미국의 의회와 CIA와 같은 보수적인 관료조직의 반발이 있고 한국에서도 보수적인 시각을 가진 사람들이 크게 반발하겠지만, 미국과 북한, 필요하고 가능하다면 한국의 정상이 북한의 비핵화에 합의하고, 북한이 '전부'라고 선언한 시설과 장비를 폐기하고, 그에 대해 IAEA와 같은 국제기구가 검증하고 확인한다. 그때부터 북한에는 무죄추정, 혹은 부재추정의 원칙이 적용된다. 둘째, 그렇게 되면 설사 북한이 일부 핵무기를 감추고 있더라도 그 효용은 사라진다. 없다고 한 핵무기를 굳이 들고나와 무엇을 할 것인가? 억지를 할 것인가, 아니면 겁박을 할 것인가? 그럴 필요가 없게 하려고 비핵화에 합의했는데 굳이 그것을 뒤집을 정치적 목적이 무엇인가? 북한의 핵은 자정이 지나면 호박으로 변하는 신데렐라의 마차처럼 될 것이다. 또는, 안데르센의 동화 '벌거벗은 임금님'의 옷처럼 그 마력을 다할지도 모른다. 북한은 그 마력이 사라지기 전에 미국과의 협상을 마무리 지어야 한다. 소탐대실의 협상 패턴을 되풀이할 때가 아니다.

부 록

가. 안보리 결의문 제825호 (1993. 5. 11.)

IAEA의 요청에 따라 3월 12일 북한의 NPT 탈퇴 의사 통고에 대해 우려를 표명하고 그 결정을 재고할 것을 촉구하는 결의안 채택. 중국이 거부권을 행사하지 않음으로써 향후 북핵문제에 대해 유엔 안보리를 통해 압력을 행사하고 유엔 안보리 상임이사국으로서 중국의 역할을 정한 선례가 됨.

나. 안보리 의장성명 1994년 13호 (1994. 3. 31.)

1994년 3월 미국과 북한 사이 소위 '슈퍼 화요일' 합의에도 불구하고 북한이 IAEA및 남한과의 대화에서 진척을 보지 않음으로써 IAEA에서 이 문제를 안보리에 회부하고 북한이 IAEA와 협력할 것을 촉구하는 내용.

다. 안보리 의장성명 1994년 28호 (1994. 5. 30.)

1994년 6월의 급박한 위기의 단초가 된 북한의 영변 5MW 원자료 연료봉 교체작업에 대해 중대한 우려를 표명하고 연료봉 교체작업 과정에서 IAEA와 협력할 것을 촉구하는 내용.

라. 안보리 의장성명 1994년 64호 (1994. 11. 4.)

1994년 10월 21일 미북 제네바 합의를 긍정적으로 평가하고 합의 내용 이행을 감시하는 IAEA의 역할을 강조.

본문 내용 (142-143쪽) 참조.

가. 안보리 결의문 제825호 (1993. 5. 11.)

UNITED
NATIONS

S

Security Council

Distr.
GENERAL

S/RES/825 (1993)*
11 May 1993

RESOLUTION 825 (1993)

Adopted by the Security Council at its 3212th meeting, on 11 May 1993

The Security Council,

Having considered with concern the letter from the Minister for Foreign Affairs of the Democratic People's Republic of Korea (DPRK) dated 12 March 1993 addressed to the President of the Council (S/25405) concerning the intention of the Government of the DPRK to withdraw from the Treaty on the Non-Proliferation of Nuclear Weapons (the Treaty) and the report of the Director-General of the International Atomic Energy Agency (IAEA) (S/25556),

Recalling the Security Council presidential statement of 8 April 1993 (S/25562) in which the members of the Council welcome all efforts aimed at resolving this situation and, in particular, encourage the IAEA to continue its consultations with the DPRK for proper settlement of the nuclear verification issue in the DPRK,

Noting in that context the critical importance of the Treaty, and emphasizing the integral role of IAEA safeguards in the implementation of the Treaty and in ensuring the peaceful uses of nuclear energy, and reaffirming the crucial contribution which progress in non-proliferation can make to the maintenance of international peace and security,

Recalling the Joint Declaration by the DPRK and the Republic of Korea (ROK) on the denuclearization of the Korean Peninsula, which includes establishment of a credible and effective bilateral inspection regime and a pledge not to possess nuclear reprocessing and uranium enrichment facilities,

Noting that the DPRK is party to the Treaty and has concluded a full-scope safeguards agreement as required by that Treaty,

---

*   Reissued for technical reasons.

93-28049 (E)   /...

   Having also considered with regret the IAEA Board of Governors' findings
contained in its resolution of 1 April 1993 that the DPRK is in non-compliance
with its obligations under the IAEA-DPRK safeguards agreement (INFCIRC/403), and
that the IAEA is not able to verify that there has been no diversion of nuclear
materials required to be safeguarded under the terms of the IAEA-DPRK safeguards
agreement to nuclear weapons or other nuclear explosive devices,

   Noting the 1 April 1993 statement by the Russian Federation, the United
Kingdom and the United States, the depositories of the Treaty (S/25515), which
questions whether the DPRK's stated reasons for withdrawing from the Treaty
constitute extraordinary events relating to the subject-matter of the Treaty,

   Noting the letter of reply by the DPRK to the Director-General of the IAEA
dated 22 April 1993 which, inter alia, encourages and urges the Director-General
to hold consultations with the DPRK on the implementation of the safeguards
agreement, noting also that the DPRK has expressed its willingness to seek a
negotiated solution to this issue,

   Welcoming recent signs of improved cooperation between the DPRK and the
IAEA and the prospect of contacts between the DPRK and other Member States,

   1.   Calls upon the DPRK to reconsider the announcement contained in the
letter of 12 March 1993 and thus to reaffirm its commitment to the Treaty;

   2.   Further calls upon the DPRK to honour its non-proliferation
obligations under the Treaty and comply with its safeguards agreement with the
IAEA as specified by the IAEA Board of Governors' resolution of
25 February 1993;

   3.   Requests the Director-General of the IAEA to continue to consult with
the DPRK with a view to resolving the issues which are the subject of the Board
of Governors' findings and to report to the Security Council on his efforts in
due time;

   4.   Urges all Member States to encourage the DPRK to respond positively to
this resolution, and encourages them to facilitate a solution;

   5.   Decides to remain seized of the matter and to consider further
Security Council action if necessary.

나. 안보리 의장성명 1994년 13호 (1994. 3. 31.)

UNITED
NATIONS

S

Security Council

Distr.
GENERAL

S/PRST/1994/13
31 March 1994

ORIGINAL: ENGLISH

STATEMENT BY THE PRESIDENT OF THE SECURITY COUNCIL

At the 3357th meeting of the Security Council, held on 31 March 1994, in connection with the Council's consideration of the item entitled "Note by the Secretary-General (S/1994/254), Note by the Secretary-General (S/1994/322)", the President of the Security Council made the following statement on behalf of the Council:

"The Security Council recalls the statement made by the President of the Council on 8 April 1993 (S/25562) and its relevant resolution.

"The Council reaffirms the critical importance of International Atomic Energy Agency (IAEA) safeguards in the implementation of the Treaty on the Non-Proliferation of Nuclear Weapons (the Treaty) and the contribution which progress in non-proliferation makes to the maintenance of international peace and security.

"The Council notes with deep appreciation the efforts of the Director General of the IAEA and the Agency to implement the IAEA-Democratic People's Republic of Korea (DPRK) safeguards agreement (INFCIRC/403).

"The Council reaffirms the importance of the joint declaration by the DPRK and the Republic of Korea (ROK) on the denuclearization of the Korean Peninsula, and of the parties to the declaration addressing the nuclear issue in their continuing dialogue.

"The Council welcomes the joint statement of the DPRK and the United States (U.S.) of 11 June 1993, which included the DPRK's decision to suspend the effectuation of its withdrawal from the Treaty, and the understanding reached between the DPRK and the U.S. in Geneva in July 1993, and the progress achieved on that basis.

"The Council welcomes also the agreements reached in February 1994 between the IAEA and DPRK, and between the DPRK and the U.S.

"The Council takes note that the DPRK has accepted in principle IAEA inspections at its seven declared sites, following its decision to suspend its withdrawal from the Treaty on 11 June 1993, and the Statement by the General Department of Atomic Energy of the DPRK (S/1994/319).

94-16119 (E)   310394

/...

"The Council takes note also of the IAEA Board of Governors' findings concerning the matter of compliance and the IAEA Director General's report to the Security Council of 22 March 1994 (S/1994/322), and expresses its concern that the IAEA is, therefore, unable to draw conclusions as to whether there has been either diversion of nuclear material or reprocessing or other operations.

"The Council calls upon the DPRK to allow the IAEA inspectors to complete the inspection activities agreed between the IAEA and DPRK on 15 February 1994, as a step in fulfilling its obligations under the IAEA-DPRK safeguards agreement and in honouring non-proliferation obligations of the Treaty.

"The Council invites the Director General of the IAEA to report further to the Security Council on the question of completion of the inspection activities agreed between the IAEA and the DPRK on 15 February 1994 when the Director General is scheduled to report on the follow-on inspections required to maintain continuity of safeguards and to verify that there has been no diversion of nuclear material required to be safeguarded, as noted in the Director General's report to the Council (S/1994/322).

"The Council requests the DPRK and ROK to renew discussions whose purpose is implementation of the Joint Declaration on the Denuclearization of the Korean Peninsula.

"The Council appeals to those Member States engaged in dialogue with the DPRK to continue that dialogue in accordance with the agreement reached on 25 February 1994.

"The Council decides to remain actively seized of the matter and that further Security Council consideration will take place if necessary in order to achieve full implementation of the IAEA-DPRK safeguards agreement."

UNITED
NATIONS

S

Security Council

Distr.
GENERAL

S/PRST/1994/28
30 May 1994
ENGLISH
ORIGINAL: ENGLISH/FRENCH

STATEMENT BY THE PRESIDENT OF THE SECURITY COUNCIL

Following consultations with the members of the Security Council, the President of the Council made the following statement, on behalf of the Council, at its 3383rd meeting, held on 30 May 1994, in connection with the Council's consideration of the item entitled "Note by the Secretary-General transmitting a letter dated 27 May 1994 from the Director General of the International Atomic Energy Agency (IAEA) addressed to the Secretary-General (S/1994/631)":

"The Security Council recalls the statements made by the President of the Council on 8 April 1993 (S/25562) and 31 March 1994 (S/PRST/1994/13) and its relevant resolution.

"The Council has noted the fact that the Democratic People's Republic of Korea (DPRK) has allowed the International Atomic Energy Agency (IAEA) inspectors to complete the inspection activities agreed between the IAEA and the DPRK on 15 February 1994, thus taking one step in fulfilling its obligations under the IAEA-DPRK safeguards agreement and in honouring its non-proliferation obligations under the Treaty on the Non-Proliferation of Nuclear Weapons.

"The Council reaffirms the critical importance of IAEA safeguards in the implementation of the Treaty on the Non-Proliferation of Nuclear Weapons and the contribution which progress in non-proliferation makes to the maintenance of international peace and security.

"The Council has considered the letter from the Director General of the IAEA to the Secretary-General dated 27 May 1994, and is gravely concerned by the IAEA's assessment that if the discharge operation at the five megawatt reactor continues at the same rate, the IAEA's opportunity to select, segregate and secure fuel rods for later measurements in accordance with IAEA standards will be lost within days.

"The Council strongly urges the DPRK only to proceed with the discharge operations at the five megawatt reactor in a manner which preserves the technical possibility of fuel measurements, in accordance with the IAEA's requirements in this regard.

94-23320 (E)   300594   /...

"The Council calls for immediate consultations between the IAEA and the DPRK on the necessary technical measures.

"The Council requests the Director General of the IAEA to maintain IAEA inspectors in the DPRK to monitor activities at the five megawatt reactor.

"The Council decides to remain actively seized of the matter and that further Security Council consideration will take place if necessary in order to achieve full implementation of the IAEA-DPRK safeguards agreement."

라. 안보리 의장성명 1994년 64호 (1994. 11. 4.)

UNITED NATIONS

S

Security Council

Distr.
GENERAL

S/PRST/1994/64
4 November 1994

ORIGINAL: ENGLISH

STATEMENT BY THE PRESIDENT OF THE SECURITY COUNCIL

At the 3451st meeting of the Security Council, held on 4 November 1994, in connection with the Council's consideration of the item entitled "Agreed Framework of 21 October 1994 between the United States of America and the Democratic People's Republic of Korea", the President of the Security Council made the following statement on behalf of the Council:

"The Security Council recalls the statements made by the President of the Council on 8 April 1993 (S/25562), 31 March 1994 (S/PRST/1994/13) and 30 May 1994 (S/PRST/1994/28) and its relevant resolution.

"The Security Council reaffirms the critical importance of International Atomic Energy Agency (IAEA) safeguards in the implementation of the Treaty on the Non-Proliferation of Nuclear Weapons (the Treaty) and the contribution which progress in non-proliferation makes to the maintenance of international peace and security.

"The Security Council notes with satisfaction the 'Agreed Framework between the United States of America and the Democratic People's Republic of Korea (DPRK)' (Agreed Framework) of 21 October 1994 as a positive step in the direction of denuclearizing the Korean Peninsula and maintaining peace and security in the region.

"The Security Council notes that the parties to the Agreed Framework decided to (1) cooperate in replacing the DPRK's graphite-moderated reactors and related facilities with light-water reactor power plants, (2) move towards full normalization of political and economic relations, (3) work together for peace and security on a nuclear-free Korean Peninsula, and (4) work together to strengthen the international nuclear non-proliferation regime.

"The Security Council takes note of the decision of the DPRK in the Agreed Framework to remain a party to the Treaty on the Non-Proliferation of Nuclear Weapons. It notes also the DPRK's decision to come into full compliance with the IAEA-DPRK Safeguards Agreement (INFCIRC/403) under the Treaty.

94-43386 (E)   041194   /...

"The Security Council underlines that the Safeguards Agreement remains binding and in force and looks to the DPRK to act thereon. The Council requests the IAEA to take all steps it may deem necessary, following consultations between the IAEA and DPRK with regard to verifying the accuracy and completeness of the DPRK's initial report on all nuclear material in the DPRK, to verify full DPRK compliance with the IAEA-DPRK Safeguards Agreement.

"The Security Council notes with approval the DPRK decision in the Agreed Framework to freeze its graphite-moderated reactors and related facilities, which is a voluntary measure beyond what is required by the Treaty and the IAEA-DPRK Safeguards Agreement.

"The Security Council, having received an oral report from the Director General of the IAEA, notes further that IAEA monitoring activities with respect to such a voluntary measure are within the scope of verification activities under the IAEA-DPRK Safeguards Agreement.

"The Security Council requests the IAEA to take all steps it may deem necessary as a consequence of the Agreed Framework to monitor the freeze.

"The Security Council also requests the IAEA to continue to report to it on implementation of the Safeguards Agreement until the DPRK has come into full compliance with the Agreement and to report to the Council on its activities related to monitoring the freeze of the specified facilities.

"The Security Council reaffirms the importance of the Joint Declaration by the DPRK and the Republic of Korea on the Denuclearization of the Korean Peninsula, and welcomes the decision of the DPRK to take steps consistently to implement that Declaration and to engage in dialogue with the Republic of Korea, as the Agreed Framework will help create an atmosphere that promotes such dialogue.

"The Security Council will remain seized of the matter."

International Atomic Energy Agency
INFORMATION CIRCULAR

INF

INFCIRC/457
2 November 1994

GENERAL Distr.
Original: ENGLISH

AGREED FRAMEWORK OF 21 OCTOBER 1994
BETWEEN THE UNITED STATES OF AMERCIA
AND THE DEMOCRATIC PEOPLE'S REPUBLIC OF KOREA

The attached text of the Agreed Framework between the United States of America and the Democratic People's Republic of Korea, signed in Geneva on 21 October 1994, is being circulated to all Member States of the Agency at the request of the Resident Representative of the United States of America.

94-04871

AGREED FRAMEWORK BETWEEN
THE UNITED STATES OF AMERICA AND
THE DEMOCRATIC PEOPLE'S REPUBLIC OF KOREA

GENEVA, OCTOBER 21, 1994

Delegations of the Governments of the United States of America (U.S.) and the Democratic People's Republic of Korea (DPRK) held talks in Geneva from September 23 to October 21, 1994, to negotiate an overall resolution of the nuclear issue on the Korean Peninsula.

Both sides reaffirmed the importance of attaining the objectives contained in the August 12, 1994 agreed statement between the U.S. and the DPRK and upholding the principles of the June 11, 1993 joint statement of the U.S. and the DPRK to achieve peace and security on a nuclear-free Korean Peninsula. The U.S. and DPRK decided to take the following actions for the resolution of the nuclear issue:

I.   Both sides will cooperate to replace the DPRK's graphite-moderated reactors and related facilities with light-water reactor (LWR) power plants.

1)   In accordance with the October 20, 1994 letter of assurance from the U.S. President, the U.S. will undertake to make arrangements for the provision to the DPRK of a LWR project with a total generating capacity of approximately 2,000 MW(E) by a target date of 2003.

--   The U.S. will organize under its leadership an international consortium to finance and supply the LWR project to be provided to the DPRK. The U.S., representing the international consortium, will serve as the principal point of contact with the DPRK for the LWR project.

--   The U.S., representing the consortium, will make best efforts to secure the conclusion of a supply contract with the DPRK within six months of the date of this document for the provision of the LWR project. Contract talks will begin as soon as possible after the date of this document.

--   As necessary, the U.S. and the DPRK will conclude a bilateral agreement for cooperation in the field of peaceful uses of nuclear energy.

2) In accordance with the October 20, 1994 letter of
    assurance from the U.S. President, the U.S.,
    representing the consortium, will make arrangements
    to offset the energy foregone due to the freeze of
    the DPRK's graphite-moderated reactors and related
    facilities, pending completion of the first LWR unit.

    -- Alternative energy will be provided in the
        form of heavy oil for heating and electricity
        production.

    -- Deliveries of heavy oil will begin within
        three months of the date of this document and
        will reach a rate of 500,000 tons annually, in
        accordance with an agreed schedule of deliveries.

3) Upon receipt of U.S. assurances for the provision of
    LWR's and for arrangements for interim energy
    alternatives, the DPRK will freeze its
    graphite-moderated reactors and related facilities
    and will eventually dismantle these reactors and
    related facilities.

    -- The freeze on the DPRK's graphite-moderated
        reactors and related facilities will be fully
        implemented within one month of the date of
        this document. During this one-month period,
        and throughout the freeze, the International
        Atomic Energy Agency (IAEA) will be allowed to
        monitor this freeze, and the DPRK will provide
        full cooperation to the IAEA for this purpose.

    -- Dismantlement of the DPRK's graphite-moderated
        reactors and related facilities will be
        completed when the LWR project is completed.

    -- The U.S. and DPRK will cooperate in finding a
        method to store safely the spent fuel from the
        5 MW(E) experimental reactor during the
        construction of the LWR project, and to
        dispose of the fuel in a safe manner that does
        not involve reprocessing in the DPRK.

    4)   As soon as possible after the date of this document, U.S. and DPRK experts will hold two sets of experts talks.

        --   At one set of talks, experts will discuss issues related to alternative energy and the replacement of the graphite-moderated reactor program with the LWR project.

        --   At the other set of talks, experts will discuss specific arrangements for spent fuel storage and ultimate disposition.

II. The two sides will move toward full normalization of political and economic relations.

    1)   Within three months of the date of this document, both sides will reduce barriers to trade and investment, including restrictions on telecommunications services and financial transactions.

    2)   Each side will open a liaison office in the other's capital following resolution of consular and other technical issues through expert level discussions.

    3)   As progress is made on issues of concern to each side, the U.S. and DPRK will upgrade bilateral relations to the ambassadorial level.

III. Both sides will work together for peace and security on a nuclear-free Korean Peninsula.

    1)   The U.S. will provide formal assurances to the DPRK, against the threat or use of nuclear weapons by the U.S.

    2)   The DPRK will consistently take steps to implement the North-South Joint Declaration on the Denuclearization of the Korean Peninsula.

    3)   The DPRK will engage in North-South dialogue, as this agreed framework will help create an atmosphere that promotes such dialogue.

-4-

IV. Both sides will work together to strengthen the international nuclear non-proliferation regime.

1) The DPRK will remain a party to the Treaty on the Non-Proliferation of Nuclear Weapons (NPT) and will allow implementation of its Safeguards Agreement under the Treaty.

2) Upon conclusion of the supply contract for the provision of the LWR project, ad hoc and routine inspections will resume under the DPRK's Safeguards Agreement with the IAEA with respect to the facilities not subject to the freeze. Pending conclusion of the supply contract, inspections required by the IAEA for the continuity of safeguards will continue at the facilities not subject to the freeze.

3) When a significant portion of the LWR project is completed, but before delivery of key nuclear components, the DPRK will come into full compliance with its Safeguards Agreement with the IAEA (INFCIRC/403), including taking all steps that may be deemed necessary by the IAEA, following consultations with the Agency with regard to verifying the accuracy and completeness of the DPRK's initial report on all nuclear material in the DPRK.

_____
Kang Sok Ju

Head of the Delegation
of the Democratic
People's Republic of
Korea, First Vice-Minister
of Foreign Affairs of the
Democratic People's
Republic of Korea

_____
Robert L. Gallucci

Head of the Delegation
of United States of America,
Ambassador at Large of the
United States of America

| 연 표 |

시 기		내 용
1980	초	북한 5MW급 원자로 건설 시작
1985	12.	북한 NPT 가입
1986	1.	5MW급 원자로 가동 개시
1989	봄	5MW급 원자로 장기간 가동 중단
1991	5.	북한, 유엔 가입서 제출
	9.	미국, 전 세계에 배치된 전술핵무기 철수 의사 선언
	12.	남북한 기본합의문 및 한반도 비핵화 공동선언에 합의
1992	1.	한국 1992년도 팀스피릿 훈련 취소 선언 김용순-캔터 회담 북한 IAEA 안전조치협정 서명
	3.	남북한, 남북핵통제공동위원회 설치
	4. 10	북한 최고인민회의, IAEA 안전조치협정 비준
	5. 4	북한, 핵시설에 대한 최초 보고서 제출 제1차 IAEA 임시사찰
	7.	제2차 IAEA 임시사찰 - '불일치' 발견
	9.	제3차 IAEA 임시사찰
	10.	한미 양국, 1993년도 팀스피릿 훈련 시행 선언
	11.	제4차 IAEA 임시사찰 빈 북-IAEA 고위급 불일치에 대해 회담, IAEA 2개소 폐기물 저장시설 방문 요구
	12.	제5차 IAEA 임시사찰
1993	1.	IAEA 사찰팀 불일치를 논의하기 위해 평양 방문, 제6차 IAEA 임시사찰

시 기		내 용
1993	2. 9	IAEA 2개 폐기물 저장소에 대한 특별사찰 요구
	2. 20	북-IAEA간 회담 계속, 평양 특별사찰 거부
	2. 25	김영삼 대통령 취임 ("어떤 동맹국도 민족보다 더 나을 수 없다") IAEA 이사회 북한에 한 달 이내 특별사찰 수용할 것을 요구하는 결의안 통과
	2. 26	김영삼 내각 발표 통일 한완상, 외무 한승주, 안기부 김덕, 외교안보수석 정종욱
	3. 11	이인모 노인 송환 발표
	3. 12	북한 NPT 탈퇴 의사 선언
	3. 18	IAEA 특별이사회, 북한에 3월 31일까지 특별사찰 수용을 요구하는 두 번째 결의안 통과
	4. 1	IAEA 이사회 북한이 안전의무 불이행 결정, 유엔 안보리 회부
	5. 11	유엔 안보리 결의안 제825호 통과 [자료 1-가] 안보리 결의문 제825호 (1993. 5. 11.)
	5.	IAEA 사찰단 영변 방문 사찰장비 유지 보수
	6. 3	김영삼 대통령 취임 100일 기자회견, "핵을 가진 자와 악수 안 해"
	6. 4~11	제1단계 미북 고위급 회담(뉴욕), 북한, NPT탈퇴 유보
	7. 2	김영삼 대통령, 뉴욕타임스 기자회견 미북합의 비판
	7. 14~19	제2단계 미북 고위급회담(제네바), 경수로 제공 최초 논의
	8.	IAEA 사찰단 방북, 감시장치 유지, 보수 재처리 시설 접근 거부
	9. 1~3	IAEA 방북, 안전조치의 "공정한 적용"에 대해 논의
	10. 1	IAEA 총회, 북한의 안전조치 완전 이행 촉구 결의
	11. 1	유엔 총회, 대북 결의 채택
	11. 14	북한, 남북핵통제공동위원회 중단
	12.	개리 럭 주한미군 사령관 패트리엇 미사일 배치를 요청
	12. 5	IAEA이사회, 한스 블릭스 IAEA사무총장, 안전조치의 계속성, 핵물질 불전용 보증 못한다고 보고

시 기		내 용
1993	12. 29	미국과 북한, 뉴욕 실무급회담에서 '슈퍼 화요일' 합의
1994	1.	북한, 빈에서 IAEA와 '안전조치의 계속성'을 위해 필요한 사찰 범위에 관해 논의 개시
	1. 26	북한 외무성, 미국이 12월 29일의 양해사항을 번복한다고 비난하고 핵 활동을 재개하겠다는 성명서 발표
	2. 15	IAEA와 북한 안전조치의 목록에 합의
	2. 21	IAEA 이사회 개최
	2. 25	미국과 북한, 12월 29일의 합의 내용 공개
	3. 1	IAEA 사찰단, 북한 도착
	3. 3	'슈퍼 화요일' IAEA 사찰 시작, 남북대화 시작, 1994년도 팀스피릿 훈련 중단 공식 발표, 제3단계 북미회담 일정 결정
	3. 9	제2차 남북실무회담
	3. 12	제3차 남북실무회담, 특사 교환에 원칙적 합의
	3. 15	IAEA 사찰단 복귀
	3. 16	블릭스 사무총장, IAEA 이사회 특별회의에 사찰단이 2월 15일 목록에 따른 핵물질 비전용/비재처리 보증 불가 선언 제4차 남북 실무회담
	3. 19	제5차 남북실무회담, 북한대표 서울 '불바다' 발언, 1994년도 팀스피릿 훈련 재개 결정
	3. 21	IAEA 이사회, 북한이 불응 유엔 안보리에 회부 (찬성 25, 반대, 기권 5[중국 포함]) 클린턴 행정부 패트리엇 미사일 한국 배치 계획 발표
	3. 31	유엔 안보리 만장일치로 의장성명서 채택 [자료 1-나] 안보리 의장성명 1994년 13호 (1994. 3. 31.)
	4. 4	갈루치 북핵 전담 조정관 임명 한국, 11월 중 팀스피릿 훈련 시행 선언 한국, 제3단계 북미회담의 전제조건으로 특사 교환 철회

시 기		내 용
1994	4. 18	패트리엇 미사일 한국 도착
	4. 28	북한, 1953년 정전협정 무효 주장, 군사정전위원회 탈퇴 선언
	5. 4	북한, 5MW 원자로 연료봉 인출 시작
	5. 18~23	IAEA 사찰단원 방북
	5. 20	IAEA, "심각한 안전조치 위반" 유엔 안보리 통보
	5. 25~27	IAEA-북한, 평양에서 연료봉 교체 입회에 대해 협의
	5. 27	블릭스 사무총장 유엔 사무총장에 IAEA-북한 간 대화 실패 통보
	5. 30	유엔 안보리 의장성명 채택 [자료 1-다] 안보리 의장성명 1994년 28호 (1994. 5. 30.)
	6. 3	블릭스 사무총장, 유엔 안보리에 북한의 5MW급 인출한 연료봉 측정 기술적 가능성 확보 실패 통보
	6. 9	IAEA 이사회, 북한에 대한 비의료 지원 중단(찬성 28, 반대 1[리비아], 기권 4[중국, 인도, 레바논, 시리아])
	6. 13	북한, IAEA 탈퇴 선언
	6. 15~18	전임 미국 대통령 지미 카터 방북
	6. 20~22	카터-김일성 회담 내용 확인하는 강석주와 갈루치 간 서신 교환
	6. 27	제3단계 미북회담 7월 8일부터 개시하기로 합의
	6. 28	김영삼 대통령과 김일성 주석 간의 남북정상회담이 7월 25-27일로 확정 발표
	7. 8	제3단계 미북회담 개시(제네바)
	7. 9	김일성 주석의 사망 발표, 미북회담 장례식 이후로 연기, 남북정상회담 무기 연기
	7. 21	미국과 북한, 제3단계 미북회담 8월 5일 재개하기로 합의
	7. 19~28	로버트 갈루치 한국, 일본, 중국, 러시아를 순방, 대북 경수로 제공 논의
	8. 5~12	제3단계 북미회담 재개(제네바), 합의 성명에 서명
	9. 23	제3단계 북미회담의 제2차 회의 개시(제네바)

시 기		내 용
1994	10. 8	김영삼 대통령, 뉴욕타임스 기자회견 제네바 합의 비판
	10. 21	미국과 북한, 기본합의서 '합의 틀'(Agreed Framework) 서명
	11. 4	유엔 안보리 의장성명 채택
		[자료 1-라] 안보리 의장성명 1994년 64호 (1994. 11. 4.)

공로명,『한국 외교와 외교관: 대일외교·북방정책·북핵협상』, 서울: 국립외교원, 2019, 230쪽

김영삼,『김영삼 대통령 회고록: 민주주의를 위한 나의 투쟁』(상), 서울: 조선일보사, 2001

김태현, "게임과 억지이론" 우철구·박건영 (편),『현대 국제정치론과 한국』, 서울: 사회평론사, 2004

김태현, "억지의 실패와 강압외교: 쿠바의 미사일과 북한의 핵,"『한국국제정치학회보』제52집 1호, 2012

김태현, 유석진, 정진영 (편역),『외교와 정치: 세계화 시대 국제협상 논리와 전략』, 서울: 오름, 1995

신욱희, "압박과 배제의 정치: 북방정책과 북핵 1차 위기,"『한국정치외교사논총』, 2007

이시영,『한국 외교와 외교관: 이시영 전 주 UN대사』, 서울: 국립외교원, 2015, 234-235쪽

이용준,『북핵 30년의 허상과 진실』, 서울: 한울, 2018

정종욱,『정종욱 외교 비록: 1차 북핵 위기와 황장엽 망명』, 서울: 기파랑, 2019

한승주,『외교의 길』, 서울: 올림, 2017

Butterfield, Herbert, *The Whig Interpretation of History* (New York: Norton, 1975)

Buzan, Barry, *People, State, and Fear: An Agenda for International Security Studies in the Post-Cold War Era*, 2nd ed. (Boulder, CO: Lynne Rienner, 1991)

Evans, Peter B., Harold K. Jacobson, Robert David Putnam, and Robert D. Putnam (eds.), *Double-Edged Diplomacy: International Bargaining and Domestic Politics* (Berkeley, CA: University of California Press, 1993)

Fischoff, Baruch, "Hindsight is not Equal to Foresight: The Effect of Outcome Knowledge on Judgment under Uncertainty," *Journal of Experimental*

Psychology: Human Perception and Performance, Vol. 1, No. 2 (1975)

George, Alexander. *Forceful Persuasion: Coercive Diplomacy as an Alternative to War* (Washington, DC: USIP, 1991)

Geroge, Alexander L., and William E. Simmons (eds.), The Limits of Coercive Diplomacy, 2nd ed. (Boulder, CO: Westview Press, 1994)

Gordon, Michael. "U.S. Said to Plan Patriot Missiles for South Korea," *New York Times*, January 26, 1994

Jervis, Robert. *Perception and Misperception in International Politics* (Princeton, NJ: Princeton University Press, 1976)

Kennedy, Robert F. *Thirteen Days: A Memoir of the Cuban Missile Crisis* (New York: Norton, 1967)

Mueller, John, "The Essential Irrelevance of Nuclear Weapons: Stability in the Postwar World," *International Security*, Vol. 13, No. 2 (Fall 1988), pp. 55-79

Mueller, John. "Nuclear Weapons Don't Matter: But Nuclear Hysteria Does," *Foreign Affairs*, Vol. 97, No. 6 (Nov./Dec. 2018)

Mueller, John. *Nuclear Obsession: Nuclear Alarmism From Hiroshima to Al-Qaeda* (Oxford: Oxford University Press, 2010).Oberdorfer, Don. *The Two Koreas: A Contemporary History* (Reading, Mass.: Addison-Wesley, 1997)

Putnam, Robert D. "Diplomacy and Domestic Politics: the Logic of Two-Level Games," *International Organization*, Vol. 42, no. 3 (Summer 1988), pp. 427-460

Riding, Alan, "U.S. and North Korea Say They'll Seek Diplomatic Links," *New York Times*, August 13, 1994

Sanger, David E. "Seoul's Leader Says North Is Manipulating U.S. on Nuclear Issue," *New York Times*, July 2, 1993

Scowcroft, Brent, and Arnold Kanter, "Korea: A time for Action," *Washington Post*, June 15, 1994

Smith, R. Jeffrey. "U.S. Weights North Korean Incentives," *Washington Post*, Nov. 16, 1993

Sterngold, James, "South Korean President Lashes Out at U.S." *New York Times*, October 8, 1994

Tuchman, Barbara W. *The Guns of October* (New York: Random House, 1962)

Wit, Joel S., Daniel B. Ponemann, and Robert L. Gallucci, *Going Critical: The First North Korean Nuclear Crisis* (Washington, DC: The Brookings Institute, 2004); 김태현 역, 『북핵 위기의 전말: 벼랑 끝의 북미협상』, 서울: 모음북스, 2005

| 찾 아 보 기 |